# Verrassende verhalen

PAULO COELHO
ROALD DAHL
ELISABETH GILBERT
HILARY MANTEL
SUSAN SMIT
TOON TELLEGEN

8 korte verhalen

# INHOUD


PAULO COELHO
Klaar voor de strijd maar met enige bedenkingen 7

ROALD DAHL
Het kermen der bomen 11

ELISABETH GILBERT
Julie komt op haar pootjes terecht 31

HILARY MANTEL
Sorry dat ik stoor 45

TOON TELLEGEN
Er ging een gerucht... 71

SUSAN SMIT
Ik heb lief gehad 75

PAULO COELHO
Het verdriet van de woestijn 93

TOON TELLEGEN
Op een keer... 97

# Klaar voor de strijd, maar met enige bedenkingen

PAULO COELHO

Ik draag een vreemd, groen uniform, van grove stof met overal ritssluitingen. Ik heb handschoenen aan, om wondjes te voorkomen. Ik heb een soort lans bij me, bijna van mijn lengte. De uiteinden zijn van metaal, het ene bestaat uit een drietand, het andere heeft een scherp plat vlak.
Voor me ligt hetgeen zo meteen moet worden aangevallen: mijn tuin.
Met behulp van het voorwerp begin ik het onkruid te verwijderen dat zich in het gazon heeft genesteld. Ik ben al een hele tijd bezig, als het besef tot me doordringt dat een plant, eenmaal uit de grond gehaald, binnen twee dagen dood is.
En ineens is daar de vraag: Is wat ik doe wel juist?
Dat wat ik 'onkruid' noem, is in feite niets anders dan een poging tot overleven van een bepaalde plantensoort waar de natuur miljoenen jaren aan heeft gewerkt. Bloemen die werden bevrucht met hulp van ontelbare insecten, zaad dat door de wind werd verspreid over de velden in de omgeving. Op die manier – want het is niet maar op één enkele plek gezaaid, maar op talloze – zijn de kansen van de plant om de volgende lente te halen veel groter. Was ze maar op één plaats gezaaid, dan was een enkele herbivoor, een overstro-ming, een brand, of een droogteperiode voldoende om haar voorgoed uit te roeien.
Maar al die inspanning om te overleven strandt nu op de punt van mijn lans die het onkruid wiedt zonder enige piëteit voor de grond waarin het groeit.
Waarom doe ik dit?

Ooit heeft iemand deze tuin aangelegd. Wie het was, weet ik niet, toen ik het huis kocht was de tuin er al en vormde een harmonieus geheel met de bergen en de bomen eromheen. De schepper ervan heeft ongetwijfeld lang nagedacht over wat hij zou doen, heeft ongetwijfeld geplant en gepoot met overleg en volgens een bepaald plan (er is een rijtje struiken dat het schuurtje aan het oog onttrekt waar we het hout voor de haard bewaren). Hij heeft er vast vele winters en lentes voor gezorgd. Toen de vorige eigenaar de oude molen – waar ik een paar maanden per jaar doorbreng – aan mij overdroeg, lag het gazon er smetteloos bij. Aan mij nu de taak zijn werk voort te zetten, ook al blijft de filosofische kwestie prangen: moet ik het werk van zijn schepper, de tuinman, respecteren, of moet ik het overlevingsinstinct accepteren dat de natuur ooit geschonken heeft aan dit plantje dat tegenwoordig 'onkruid' heet?
Ik ga door met het verwijderen van ongewenste planten en leg ze op een hoop waar straks de brand in gaat. Misschien denk ik wel te veel na over zaken die niet op het terrein van het denken liggen maar op dat van het doen. Ondertussen is ieder menselijk handelen wel heilig en daarbij zwanger van consequenties, en dat dwingt me tot verder nadenken over wat ik aan het doen ben.
Aan de ene kant heeft dit onkruid het recht om zich te verspreiden. Aan de andere kant zal het, als ik het nu niet uitroei, uiteindelijk het gazongras verstikken. In het Nieuwe Testament heeft Jezus het over de noodzaak het kaf van het koren te scheiden.
Maar, of de Bijbel me nu wel of niet te hulp komt, ik bevind me tegenover een concreet probleem waar de mensheid zich nu eenmaal altijd voor geplaatst ziet: hoe ver mogen we gaan

met ingrijpen in de natuur? Is ingrijpen altijd negatief, of kan het ook positief zijn?
Ik leg het wapen – dat ze ook wel schoffel noemen – aan de kant. Iedere stoot ermee betekent het einde van een leven, beëindigt het bestaan van een bloem die in de lente zal gaan ontluiken. Iedere stoot ermee kenmerkt de arrogantie van de mens die het landschap om hem heen wil vormgeven. Op dit moment beschik ik over de macht over leven en dood. Ik heb meer tijd nodig om na te denken. Het gras lijkt te zeggen: 'Hallo, je moet voor me opkomen, anders leg ik het loodje.' Het onkruid richt zich ook tot mij: 'Hé, ik heb zover moeten reizen, heb zoveel moeite gedaan om naar je tuin te komen – waarom wil je me dan vermoorden?'
Ten slotte krijg ik hulp uit de Bhagavadgita. Ik herinner me het antwoord van Krishna aan de strijder Arjuna, als deze zich voor het beslissende gevecht moedeloos toont, zijn wapens op de grond gooit, en zegt dat het niet juist is een gevecht aan te gaan waarbij hij uiteindelijk zijn broeder zal doden. Krishna antwoordt ongeveer het volgende: 'Jij denkt dat je iemand kunt doden? Jouw hand is Mijn hand, en alles wat jij aan het doen bent staat al beschreven als iets wat gedaan zal worden. Niemand doodt en niemand sterft.'
Opgemonterd door deze geheugenflits, grijp ik opnieuw de lans en open de aanval op het onkruid dat onuitgenodigd in mijn tuin is gaan groeien. De enige les die ik aan deze ochtend overhoud, is: mocht er enig onkruid groeien in mijn ziel, dan vraag ik God me diezelfde moed te geven om het zonder pardon uit te roeien.

Paulo Coelho
uit: Als een rivier, Singel Uitgeverijen

# Het kermen der bomen

## ROALD DAHL

HET WAS EEN warme zomeravond en Klausner liep snel door het tuinpoortje, het huis langs, naar de achtertuin. Hij liep dóór tot waar het houten schuurtje stond, ontsloot de deur, ging naar binnen en sloot de deur achter zich.
Het interieur van de schuur was ongeschilderd. Tegen de wand links stond een lange, houten werkbank en daarop bevond zich een warwinkel van draden en batterijen en kleine, scherpe gereedschappen en een zware kist van ongeveer één meter lengte, die de vorm had van een kinderdoodkistje.
Klausner liep het vertrek door, op de kist af. Het deksel was er afgenomen en hij boog er zich over heen en begon er binnen te gluren en te prutsen tussen die massa draden van verschillende kleuren en al die zilveren buisjes. Hij greep een stuk papier dat naast de kist lag, bestudeerde het zorgvuldig, legde het neer, tuurde in de kist en begon zijn vingers langs de draden te laten glijden en trok er zachtjes aan, om de verbindingen te testen – hij keek vervolgens weer naar het papier, dan weer in de kist, dán weer op het papier en controleerde elke draad. Dit nam ongeveer een uur in beslag.
Toen bewoog hij zijn hand naar de voorkant van de kist, waar zich drie knoppen bevonden – en hij begon aan ze te draaien en keek tegelijkertijd naar de bewegingen van het mechanisme in de kist. En al die tijd praatte hij zachtjes tegen zichzelf, knikte hij met zijn hoofd, glimlachte soms, en zijn handen bewogen voortdurend, de vingers bewogen snel en handig binnen de kist, zijn mond wrong zich in wonderlijke vormen

als er iets heel subtiels of moeilijks te doen viel, en dan zei hij: 'Ja… Ja… En nou deze… Ja… Ja… Maar is dat wel goed? Is het… wáár is mijn diagram?… Aha… ja… Natuurlijk… Ja, ja… Dat klopt… En nu… Mooi zo, mooi zo… Ja… Ja, ja, ja.'
Hij was intens geconcentreerd; zijn bewegingen waren snel; de manier waarop hij werkte had een allure van urgentie, van ademloosheid en van hevige, doch onderdrukte opwinding. Opeens hoorde hij voetstappen op het tuinpad, hij richtte zich op en draaide zich snel om toen de deur opengingen en een lange man binnenkwam. Het was Scott. O, het was dokter Scott maar.
'Wel, wel, wel,' zei de dokter. 'Dus hier houdt u zich 's avonds altijd schuil?'
'Dag, dokter,' zei Klausner
'Ik kwam toevallig voorbij,' vertelde de dokter, 'en daarom wipte ik even aan, om te zien hoe u het maakte. Er was niemand in huis, en toen ben ik naar de schuur gelopen. Hoe houdt die keel van u zich nu?'
'O best. Heel goed.'
'Nu ik hier toch ben, wil ik wel es even kijken.'
'O, doe geen moeite. Ik ben weer helemaal beter. Ik ben best.'
De dokter begon zich nu bewust te worden van de spanning in de werkplaats. Hij keek naar de zwarte kist op de werkbank en keek toen naar de man. 'U hebt uw hoed op,' zei hij.
'O ja?' Klausner hief zijn hand op, nam zijn hoed af en legde hem op de werkbank.
De dokter kwam naderbij en boog zich naar voren om in de kist te kunnen kijken. 'Wat is dat?' vroeg hij. 'Maakt u een radio?'
'Nee, nee, ik pruts maar een beetje.'
'Maar het lijkt van binnen zo gecompliceerd.'

'Ja.'
Klausner zag er gespannen en verward uit.
'Wat is het?' vroeg de dokter. 'Het ziet er afschrikwekkend uit, vindt u ook niet?'
''t Is zo maar een idee van me.'
'O ja?'
'Het heeft iets te maken met geluid, da's alles.'
'Grote genade, man! Hoort u dan nog niet genoeg lawaai tijdens uw werk, de hele dag?'
'Ik hóu van geluid.'
'Ja, dat schijnt wel zo.' De dokter liep naar de deur, draaide zich om en zei: 'Nu, ik zal u niet storen. Ik ben blij dat uw keel niet meer opspeelt.'
Maar hij bleef daar toch staan en keek naar de kist – geïntrigeerd door de merkwaardige gecompliceerde inhoud en benieuwd naar wat deze vreemde patiënt in zijn schild voerde.
'Waar is het dan voor?' vroeg hij. 'U hebt me nieuwsgierig gemaakt.'
Klausner keek naar de kist en toen naar de dokter – hij hief zijn ene hand op en begon heel zachtjes aan de lel van zijn rechteroor te krabben. Er viel een stilte. De dokter stond glimlachend bij de deur te wachten.
'Goed, ik zal het u vertellen, als het u interesseert.' Er viel wéér een stilte en de dokter kon zien dat Klausner niet goed wist hoe hij moest beginnen.
Hij verplaatste zijn gewicht nu eens naar het ene, dan weer naar het andere been, hij trok aan zijn oorlel, keek naar zijn voeten en toen eindelijk zei hij heel langzaam: 'Nou, dat zit zo... de theorie is eigenlijk heel simpel. Het menselijke oor... u weet wel dat dat niet álles kan horen. Er zijn zúlke lage of hoge geluiden, dat het oor ze niet kan horen.'

'Inderdaad,' zei de dokter.
'In grote trekken komt het hier op neer: als een toon zo hoog is dat hij meer dan vijftienduizend trillingen per seconde heeft, kunnen we 'm niet horen. Maar honden hebben betere oren dan wij. U weet toch dat je een fluit kunt kopen waarvan de toon zo hoog is, dat je 'm helemaal niet kan horen, maar een hond kan 'm wél horen.'
'Ja, ik heb weleens zo'n fluitje gezien,' zei de dokter.
'Ja, natuurlijk. En nog meer naar boven, dus nog hoger dan de toon van die fluit, bestaat nóg een toon – een trilling zo u wilt – maar ik noem 'm liever een toon. Die toon kun je óók niet horen. En daarboven is er nóg een en nóg een en zo gaat dat maar eindeloos door – alsmaar hogere tonen… een oneindig aantal tonen… En er is een toon – maar je oren kunnen 'm niet horen – die zó hoog is dat ie een miljoen trillingen per seconde heeft… en ook een die nog een miljoen maal zo hoog is… en zo gaat dat maar door, steeds hoger… steeds verder… zover als er maar getallen zijn… en dat is… de oneindigheid… de eeuwigheid… aan gene zijde van de sterren…'
Klausner werd allengs geanimeerder. Hij was een klein, zeer tenger mannetje dat altijd, zenuwachtig en trillerig, zijn handen bewoog. Zijn groot hoofd had de neiging naar zijn linkerschouder te zakken, alsof zijn hals niet sterk genoeg was om het rechtop te kunnen houden. Zijn gezicht was glad en bleek, bijna wit, en de vaalgrijze ogen die knipperden en tuurden achter de met nikkel omrande brillenglazen, hadden een verbouwereerde, verre uitdrukking en schenen zich nooit op een bepaald punt te richten. Hij was een tenger, zenuwachtig, trillerig mannetje, een hippertje, dromerig en verward; en soms opeens heel geanimeerd en beweeglijk; en nu voelde de dokter, die naar het vreemde, bleke gezicht en die

vaalgrijze ogen keek, dat dit kleine mannetje op een of andere wijze een air van distantie had – alsof zijn geest immens en onmeetbaar ver van zijn lichaam vertoefde.
De dokter wachtte tot hij zijn verhaal zou vervolgen. Klausner zuchtte en wrong zijn handen. 'Ik geloof,' zei hij, en nu sprak hij langzamer dan tevoren, 'dat zich om ons heen een hele wereld van geluiden bevindt, die wij niet kunnen horen. Het is mogelijk dat daarginds, in die regionen van onhoorbare, hoge tonen, een nieuwe, opwindende muziek wordt gemaakt, met subtiele harmonieën en afgrijselijke, knarsende dissonanten – een muziek, die zo krachtig is, dat ie ons gek zou maken als onze oren er op afgestemd waren. Misschien is daar nog van alles… wat weten we er van… misschien…'
'Ja,' zei de dokter. 'Maar het is niet erg waarschijnlijk.'
'Waarom niet? Waarom niet?' Klausner wees op een vlieg die op een klein kluwentje koperdraad op de werkbank zat. 'Ziet u die vlieg? Wat voor lawaai maakt die vlieg nu? Geen enkel geluid dat wij kunnen horen. Maar misschien fluit dat wezentje wel als een krankzinnige, op heel hoge toon, of misschien blaft ie wel of kwaakt ie of zingt ie een liedje? Het beestje heeft toch een bek, nietwaar? En een keel?'
De dokter keek naar de vlieg en glimlachte. Hij stond nog steeds bij de deur met zijn hand op de knop. 'En,' zei hij, 'tracht u dat nou uit te vissen?'
'Enige tijd geleden,' zei Klausner, 'heb ik een eenvoudig instrument gemaakt dat voor mij het bewijs leverde van het bestaan van vele eigenaardige, onhoorbare geluiden. Ik heb hier dikwijls zitten kijken naar de naald van dat instrument, terwijl hij geluidsvibraties registreerde… maar dan kon ik niets horen. En dát zijn nu de geluiden die ik wil beluisteren. Ik wil weten waar ze vandaan komen en wie of wat ze maakt.'

'En die machine daar op de werkbank,' zei de dokter, 'stelt die u er toe in staat de geluiden te horen?'
'Misschien. Wie weet? Tot dusver heb ik geen geluk gehad. Maar ik heb een paar veranderingen aangebracht en vanavond ga ik opnieuw een proef nemen. Deze machine,' zei hij, en hij raakte hem aan met zijn handen, 'is ontworpen met de bedoeling dat hij geluidstrillingen kan opvangen die te frequent zijn voor het menselijke oor, maar die ze kan omzetten in hoorbare tonen. Ik schakel dan in, bijna net als bij een radio.'
'Wat bedoelt u daarmee?'
'Het is niet ingewikkeld. Laten we zeggen dat ik wil luisteren naar het piepen van een vleermuis. Dat is nogal een hoog geluid – ongeveer dertigduizend trillingen per seconde. Het gemiddelde menselijke oor kan het niet helemaal goed horen. Maar als er hier nu een vleermuis door de kamer vloog en ik schakelde de machine in op dertigduizend, dan zou ik het piepen van de vleermuis heel duidelijk kunnen horen. Ik zou zelfs de juiste toon kunnen horen – F dur of B mineur of welke toon dan ook – alleen: enkele octaven lager. Begrijpt u het nu?'
De dokter keek naar de langwerpige, zwarte doodkist. 'En gaat u dat vanavond proberen?'
'Ja.'
'Nou, dan wens ik u veel geluk.' Hij keek op zijn horloge. 'Hemel,' zei hij, 'ik moet vliegen. Tot ziens en welbedankt voor uw uiteenzetting. Ik zal u spoedig weer eens komen opzoeken om te horen hoe het verder is gegaan.' De dokter liep naar buiten en sloot de deur achter zich.
Klausner prutste nog een poos met de draden in de zwarte kist; toen richtte hij zich op en fluisterde zacht en opgewonden:

'Nou gaan we 't wéér proberen... Ditmaal neem ik 'm mee naar de tuin... en misschien... heel misschien... zal de ontvangst dan beter zijn. Nou moet ik 'm voorzichtig optillen... o, mijn God, wat is ie zwáár!' Hij droeg de kist naar de deur, merkte dat hij de deur niet kon openen zonder de kist neer te zetten, droeg 'm terug, zette 'm op de werkbank, opende de deur en droeg 'm toen met enige moeite naar de tuin. Hij zette de kist voorzichtig op een klein houten tafeltje dat op het grasveld stond. Hij keerde terug naar de schuur en haalde een koptelefoon. Hij stak de draden van de koptelefoon in de machine en zette de koptelefoon op zijn oren. De bewegingen van zijn handen waren snel en accuraat. Hij was opgewonden en ademde hoorbaar en snel door zijn mond. Hij bleef maar in zichzelf praten – kleine woordjes van troost en aanmoediging, alsof hij bang was – bang dat de machine wellicht niet zou werken en ook bang voor wat er zou gebeuren als ie wél werkte. Hij stond daar in de tuin naast de houten tafel – zo bleek en klein en mager, dat hij eruitzag als een oud, gebrild kind, dat aan de tering lijdt. De zon was ondergegaan. Er stond geen wind, er weerklonk geen enkel geluid. Van waar hij stond, kon hij over een lage schutting heen in de buurtuin kijken, en daar liep een vrouw met een bloemenmand aan haar arm. Hij keek een poos naar haar, zonder aan haar te denken. Toen draaide hij zich om naar de kist op de tafel en drukte op een knopje aan de voorzijde. Hij legde zijn linkerhand op de knop van de volumecontrole en zijn rechterhand op de knop, die een naald over de grote middenklok kon voortbewegen, zoals dat ook het geval is bij een radio, waar de naald langs de golflengten beweegt.
Op deze schaal stonden heel wat nummers aangegeven, in een serie streepjes, die begonnen bij 15.000 en opliepen tot

1.000.000. En nu boog hij zich over de machine. Zijn hoofd hield hij naar één kant gebogen, in een houding van gespannen luisteren. Zijn rechterhand begon aan de knop te draaien. De naald reisde langzaam over de wijzerplaat, zó langzaam dat hij hem nauwelijks kon zien bewegen, en in de koptelefoon kon hij een zwak, onregelmatig geknetter horen. Achter dat geknetter kon hij een ver zoemen horen – dat was het geluid van de machine zelf – maar dat was dan ook alles. Terwijl hij luisterde, werd hij zich bewust van een vreemde sensatie – van het gevoel dat zijn oren zich tot ver buiten zijn hoofd uitstrekten, dat elk oor door een dunne onbuigzame draad, als een voelhoorn, aan zijn hoofd was verbonden en dat de draden nu langer werden en de oren steeds dichter een geheim en verboden gebied naderden – een gevaarlijk ultrasonisch gebied, waar nog nooit oren waren geweest en waar ze ook niet móchten komen.

De kleine naald kroop langzaam over de schijf en opeens hoorde Klausner een gil – een afschuwelijke, doordringende gil, en hij sprong op en greep zich aan de rand van de tafel vast. Hij keek om zich heen, alsof hij iemand verwachtte te zien, die zojuist had gegild. Er was niemand in zicht behalve de vrouw in de tuin naast de zijne, en zij had stellig niet gegild. Ze boog zich over de gele rozen, sneed er een af en legde die dan in haar mandje.

Daar was het weer – die keelloze, onmenselijke gil, scherp en kort, heel helder en kil. De toon zelf bezat een soort metalen klank die hij nooit eerder had gehoord. Klausner keek om zich heen en zocht instinctmatig de bron van het geluid. De vrouw was het enige levende schepsel, dat zich binnen zijn gezichtskring bevond. Hij zag haar bukken, een rozenstengel tussen de vingers van één hand grijpen en de stengel met een schaar afknippen.

En wéér hoorde hij die gil.

De gil weerklonk precies op het moment dat de rozenstengel werd doorgesneden.

En nu richtte de vrouw zich op, legde de schaar bij de rozen in de mand en draaide zich om, om weg te lopen.

'Mrs Saunders!' schreeuwde Klausner, en zijn stem klonk schril van opwinding. 'O, Mrs Saunders!'

De vrouw keek om en zag haar buurman op het grasveld staan – een wonderlijke, kleine figuur die met zijn armen zwaaide en een koptelefoon om zijn hoofd had – en hij riep haar met een stem die zo hoog klonk en zo luid, dat ze schrók: 'Snij er nóg eens een af! Astublieft, snij er nu dadelijk nog een af!'

Ze stond stil en staarde hem aan. 'Maar, Mr Klausner,' zei ze, 'wat scheelt er aan?'

'Doe alstublieft wat ik u vraag,' zei hij. 'Snij nog één roos af!'

Mrs Saunders had altijd gemeend dat haar buurman nogal een eigenaardig man was, maar nu – zo scheen het – was hij toch wel helemaal gek geworden. Ze vroeg zich af of ze het huis zou inrennen en haar man zou gaan halen. Nee, dacht ze. Nee, hij doet geen kwaad. Ik zal 'm z'n zin maar geven. 'Zeker, Mr Klausner, als u dat wenst,' zei ze. Ze nam haar schaar uit de mand, boog zich en sneed weer een roos af.

En opnieuw hoorde Klausner die vreselijke, keelloze gil in zijn koptelefoon; en wéér op precies hetzelfde moment dat de rozenstengel werd doorgesneden. Hij deed de koptelefoon af en rende naar het hek, dat de beide tuinen van elkaar scheidde. 'Mooi,' zei hij, 'dat is genoeg. Nu niet meer, alstublieft.'

De vrouw stond daar met een gele roos in de ene hand en met de schaar in de andere en staarde hem aan.

'Nu zal ik u es wat zeggen, Mrs Saunders,' zei hij, 'iets dat u niet zult kúnnen geloven.’ Hij legde zijn handen op de rand van het hek en keek haar scherp aan door zijn dikke brillenglazen. ‘U hebt vanavond een mandjevol rozen geplukt. U hebt met de scherpe schaar door de stelen van levende wezens gesneden, en elke roos die u hebt afgesneden, heeft op een afschuwelijke manier gegild. Wist u dat, Mrs Saunders?’

‘Nee,’ zei ze, ‘dat wist ik niet.’

‘Het is toevallig waar,’ zei hij. Hij ademde nu tamelijk snel, maar hij trachtte zijn opwinding te beheersen. ‘Ik hoorde ze gillen. Telkens als u er weer een afsneed, hoorde ik een kreet van pijn. Een heel hoog geluid, van ongeveer honderdtweeëndertigduizend trillingen per seconde. Dat zou u zelf niet kunnen horen, maar ik heb het gehoord!’

‘Heus, Mr Klausner?’ Ze besloot dat ze over ongeveer vijf seconden inééns naar huis zou rennen.

‘Men zou kunnen zeggen,’ vervolgde hij, ‘dat een rozenstruik geen zenuwstelsel heeft om mee te kunnen voelen, geen keel om mee te gillen. Dat is ook zo, want die heeft ie niet. Niet zoals wij ze bezitten, ten minste. Maar hoe weet u, Mrs Saunders’ – en nu boog hij zich over de omheining en sprak op felle, fluisterende toon ‘hoe weet u dat een rozenstruik niet evenveel pijn voelt, wanneer iemand een van de stengels doormidden snijdt, als u, wanneer iemand uw hand afsnijdt met een tuinschaar? Hoe weet u dat? Want ie leeft toch, nietwaar?’

‘Ja, Mr Klausner. O zeker. Eh… goedenavond!’ En snel keerde ze zich om en rende haar tuin door, naar de achterdeur van haar huis. Klausner liep terug naar de tafel. Hij deed de koptelefoon om zijn hoofd en stond daar een poosje te luisteren.

Hij kon nog steeds het zwakke knetterende geluid en het

zoemende lawaai van de machine horen, maar overigens niets. Hij bukte zich en greep een klein wit madeliefje dat tussen het gras groeide. Hij nam het tussen duim en wijsvinger en trok het langzaam omhoog en naar opzij, tot de stengel brak. Sinds het ogenblik dat hij begonnen was te trekken, tot het moment dat de stengel brak, had hij in de koptelefoon heel duidelijk een ijle, hoge kreet gehoord, die vreemd zielloos klonk. Hij greep nog een madeliefje en deed het wéér. En opnieuw hoorde hij de kreet, maar hij was er nu niet zo zeker van dat deze uitdrukking gaf aan pijn. Nee, het was geen pijn, het was verbazing. Ja, was het dat wel? Het gaf eigenlijk geen uitdrukking aan gevoelens of emoties die een menselijk wezen bekend waren. Het was alleen maar een kreet, een neutrale, ijskoude kreet – een enkele gevoelloze toon, zonder enige expressie. En met de rozen was dat óók het geval geweest. Hij had zich vergist, toen hij dit een kreet van pijn noemde. Een bloem voelde waarschijnlijk geen pijn. Die voelde iets ánders, wát – dat wisten we niet – iets dat toin heette of spurl of plinuckment, of wat u maar wilt.
Hij stond op en deed de koptelefoon af. Het werd donker en hij kon overal licht zien schijnen achter de gordijnen van de huizen rondom hem. Behoedzaam tilde hij de zware kist van het tafeltje, droeg hem naar de schuur en zette hem op de werkbank. Toen ging hij naar buiten, deed de deur op slot en liep naar het huis. De volgende morgen was Klausner al op zodra het licht was. Hij kleedde zich aan en ging onmiddellijk naar de schuur. Daar tilde hij de machine op en droeg hem naar buiten; hij drukte hem met beide handen tegen zijn borst en liep heel wankel, wegens het zware gewicht. Hij liep langs het huis, de tuinpoort uit en stak de weg over naar het park. Daar wachtte hij even en keek om zich heen; toen liep hij

verder, tot hij bij een grote boom kwam, een berk, en hij zette de machine op de grond, vlak bij de voet van de berk. Hij liep snel terug naar huis en haalde een bijl uit de kolenkelder en droeg deze naar het park.
Hij legde de bijl op de grond, naast de boom.
Toen keek hij weer om zich heen en gluurde zenuwachtig door zijn dikke brillenglazen, in alle richtingen. Er viel niemand te bekennen, het was immers nog maar zes uur in de morgen.
Hij zette de koptelefoon op zijn oren en draaide de machine aan. Hij luisterde een ogenblik naar het zwakke, bekende, zoemende geluid; toen greep hij de bijl, nam de hakhouding aan met zijn benen ver van elkaar, en zwaaide de bijl zo hard als hij kon tegen de voet van de boom. Het blad drong diep in het hout en bleef daar steken – en op het moment van de slag, hoorde Klausner een buitengewoon geluid in de koptelefoon. Het was een nieuw geluid en leek in niets op wat hij ooit tevoren had gehoord – het was een krijsend, toonloos, enorm hard geluid, een grommend, laag, kermend geluid, niet snel en kortaf als het geluid van de rozen, maar gerekt als een snik – en het duurde een volle minuut en was op zijn luidst op het moment dat de bijl de boom trof en daarna werd het geleidelijk zwakker, tot het wegstierf.
Klausner staarde met afschuw naar de plaats waar het blad van de bijl diep in het houtvlees van de boom was gedrongen; toen nam hij zachtjes de steel van de bijl, werkte het blad los en wierp de bijl op de grond. Met zijn vingers raakte hij de wond aan, die de bijl in het hout had gemaakt, hij betastte de randen van de wond en trachtte ze tegen elkaar te drukken om de wond te sluiten en hij zei aldoor. ‘O boom, boom… het spijt me… het spijt me zo… maar het geneest wel weer… het zal heus prachtig genezen…’ Hij stond daar een poosje met

zijn handen tegen de tronk van de machtige boom gedrukt; toen, opeens, draaide hij zich om en haastte zich het park uit, de weg over, het hekje door naar zijn huis. Hij liep naar het telefoontoestel, keek in het telefoonboek, draaide een nummer en wachtte. Hij hield de hoorn stevig in zijn linkerhand geklemd en trommelde ongeduldig met zijn rechterhand op de tafel.

Hij hoorde de telefoon aan het andere eind van de lijn bellen en vervolgens het klikje van een hoorn die werd opgenomen en toen een mannenstem, een slaperige stem, die zei: 'Ja, hallo…?'

'Dokter Scott?' vroeg hij.

'Ja, daar spreekt u mee.'

'Dokter Scott. U moet dadelijk komen – zo snel mogelijk, alstublieft.'

'Met wie spreek ik?'

'Met Klausner. Herinnert u zich wat ik u gisteravond heb verteld over ervaringen met het geluid en dat ik hoopte, dat ik…'

'Ja, ja, natuurlijk, maar wat scheelt er aan? Bent u ziek?'

'Nee, niet ziek, maar…'

'Het is pas halfzeven,' zei de dokter, 'en nu roept u me uit bed, terwijl u niet ziek bent?'

'Kom alstublieft dadelijk. Ik wil dat iemand het hoort. Het maakt me gek! Ik kan het niet geloven…'

De dokter luisterde naar de paniekerige, bijna hysterische toon van de man – dezelfde toon die hij gewoonlijk kon beluisteren wanneer mensen opbelden en zeiden: 'D'r is een ongeluk gebeurd, kom alstublieft dadelijk.'

Hij zei langzaam: 'Wilt u heus dat ik dadelijk bij u kom?'

'Ja, nu. Onmiddellijk, alstublieft.'

‘Goed, dan kom ik.’

Klausner zat naast het telefoontoestel en wachtte. Hij trachtte zich te herinneren hoe het kermen van de boom had geklonken, maar dat lukte hem niet. Hij kon zich alleen maar herinneren dat het ontzagwekkend en vreselijk was geweest en dat het hem misselijk had gemaakt van angst. Hij trachtte zich voor te stellen wat voor soort geluid een mens zou maken als hij in de grond verankerd stond en iemand zwaaide een scherp ding tegen zijn been, zodat het blad er diep in drong en zich als een wig in de wond boorde. Misschien wel hetzelfde soort geluid? Nee. Heel anders. Het geluid van de boom was erger dan enig hem bekend menselijk geluid, omdat het zo huiveringwekkend toonloos en keelloos klonk. Hij begon zich af te vragen hoe het met de andere levende wezens was gesteld en hij dacht onmiddellijk aan een veld tarwe – een veld met halmen die rechtop stonden en geel en levend waren, terwijl de maaier erdoorheen ging, de stengels doorkliefde – vijfhonderd stengels per seconde – seconde na seconde… O mijn God, wat zou dát wel voor geluid zijn? Vijfhonderd halmen die het uitkermden – en de volgende seconde wéér vijfhonderd, die óók kermden… nee, dacht hij, ik wil met mijn machine niet naar een tarweveld gaan. Ik zou daarna nooit meer brood kunnen eten. Maar hoe zat het dan met aardappels en kool en bieten en uien? En met appels? O nee, appels liepen geen gevaar, die vallen immers zó maar van de bomen wanneer ze rijp zijn? Als je ze maar laat vallen, in plaats van ze van de tak af te rukken. Maar groenten…? Neem nou bijvoorbeeld een aardappel. Een aardappel zou stellig gillen; en dat gold ook voor een biet en een ui en een kool…

Hij hoorde het klikken van de klink van het voorhek en sprong overeind en ging naar buiten en zag de lange doktersfiguur het

pad opkomen met een zwarte tas in de hand.
'Nu,' zei de dokter, 'wat scheelt er aan?'
'Kom met me mee, dokter. Ik wil dat u het ook hoort. Ik heb u opgebeld omdat u de enige bent aan wie ik het heb verteld. Het is aan de overkant van de weg, in het park. Gaat u mee?'
De dokter keek hem aan. Hij scheen nu kalmer te zijn. Geen spoor van waanzin of hysterie; hij was alleen maar wat verontrust en opgewonden.
Ze staken de weg over, naar het park, en Klausner ging de dokter voor naar een grote berk; aan de voet van de berk stond de lange, zwarte, doodkistachtige kist van de machine en daarnaast lag een bijl.
'Waarom hebt u het zaakje hiernaartoe gebracht?' vroeg de dokter.
'Ik had een boom nodig. In mijn tuin groeien geen grote bomen.'
'En waarom die bijl?'
'Dat zult u dadelijk merken. Maar wilt u eerst deze koptelefoon opzetten en luisteren? Luister goed en vertel me dan later precies wat u hebt gehoord. Ik wil er zéker van zijn...'
De dokter glimlachte en greep de koptelefoon en zette die op zijn oren.
Klausner bukte zich en draaide aan de knop op het schakelbord van de machine; toen greep hij de bijl en posteerde zich wijdbeens, klaar om toe te slaan. Nog even wachtte hij...
'Kunt u iets horen?' vroeg hij aan de dokter.
'Of ik wát...?'
'Kunt u iets horen?'
'Alleen maar wat gezoem.'

Klausner stond daar met de bijl in zijn handen en trachtte er zichzelf toe te brengen toe te slaan, maar de gedachte aan het geluid dat de boom zou maken, deed hem opnieuw aarzelen.
'Waar wacht u op?' vroeg de dokter.
'Op niets,' antwoordde Klausner, en toen hief hij de bijl en zwaaide hem met kracht tegen de boom, en terwijl hij zwaaide meende hij (ja, daar kon hij op zweren) dat de grond waarop hij stond zich bewoog. Hij voelde een kleine verplaatsing van de aarde onder zijn voeten, alsof de wortels van de boom zich ondergronds bewogen, maar het was te laat om de slag nog tegen te houden: het blad van de bijl trof de boom en wrong zich diep in het hout. Op dat ogenblik weerklonk er hoog boven hun hoofd een krakend geluid van splinterend hout en ruisende bladeren die langs andere bladeren slierden – en ze keken beiden op en de dokter riep: 'Kijk uit! Opzij, man! Toe dan, vlug!'
De dokter had de koptelefoon afgerukt en rende nu snel weg, maar Klausner stond daar als in een ban naar boven te staren, naar de grote tak, die minstens twintig meter lang was en zich langzaam neerwaarts boog, en die brak en knetterde en versplinterde op zijn dikste punt, waar hij verbonden was met de stam. De tak stortte naar beneden en Klausner sprong nog net op tijd opzij. De tak viel op de machine en vermorzelde hem.
'Grote genade!' schreeuwde de dokter, terwijl hij terug kwam rennen, 'dat scheelde maar een haar! Ik dacht dat u er door getroffen zou worden!'
Klausner staarde naar de boom. Zijn groot hoofd boog zich naar één kant en zijn glad wit gezicht had een uitdrukking van gespannenheid en afschuw. Hij liep langzaam naar de boom en wrong het blad van de bijl heel behoedzaam uit de stam.

'Hebt u het gehoord?' zei hij, zich tot de dokter wendend. Zijn stem was nauwelijks hoorbaar.
De dokter was nog steeds wat achter adem na al dat geren en al die opwinding. 'Wát gehoord?'
'In de koptelefoon. Hebt u iets gehoord, toen de bijl de stam trof?'
De dokter begon zich achter in zijn nek te wrijven. 'Nou,' zei hij, 'wat ik zeggen wou...' Hij zweeg even, fronste en beet zich op de onderlip. 'Nee, ik ben er niet zeker van. Ik zou er onmogelijk zeker van kunnen zijn. Ik geloof dat ik de koptelefoon niet langer dan een seconde heb opgehad, nadat de bijl de boom trof.'
'Ja, ja, maar wat hebt u gehóórd?'
'Dat weet ik niet,' zei de dokter. 'Ik wéét niet wat ik hoorde... Waarschijnlijk het geluid van een afbrekende tak.'
Hij sprak nu snel, en op nogal geprikkelde toon.
'Hoe klónk het?' Klausner boog zich iets naar voren en staarde de dokter fel aan. 'Hoe klonk het precies?'
'Verdorie,' zei de dokter, 'dat weet ik werkelijk niet. Ik interesseerde me meer voor het feit, dat ik moest maken dat ik wegkwam. Maar laten we er niet meer over praten.'
'Dokter Scott, hoe klonk het?'
'In godsnaam, hoe kan ik dat weten, als ik bijna onder de halve boom bedolven word en moet rennen voor m'n leven?'
De dokter leek nu wat nerveus en dat voelde Klausner. Hij stond onbeweeglijk naar de dokter te staren en gedurende een halve minuut zei hij geen woord. De dokter schuifelde met zijn voeten, haalde zijn schouders op en keerde zich al half af, om weg te gaan. 'Nou,' zei hij, 'nou kunnen we maar beter teruggaan.'
'Hoor es,' zei de kleine man en nu werd zijn glad, wit gezicht

opeens heel rood, 'u moet die wond nog hechten.' Hij wees op de kloof die de bijl in de tronk van de boom had geslagen. 'Die moet u nu snel gaan hechten.'

'Doe niet zo dwaas,' zei de dokter.

'Doe wat ik u zeg. Hecht die wond.' Klausner hield de steel van de bijl in de handen geklemd en hij sprak op zachte toon, die op wonderlijke wijze bijna dreigend klonk.

'Doe niet zo dwaas,' zei de dokter, 'ik kan geen hout aan elkaar naaien. Kom, laten we teruggaan.'

'Kunt u geen hout aan elkaar naaien?'

'Nee, natuurlijk niet.'

'Hebt u jodium in uw tas?'

'Wat wilt u daarmee?'

'Bestrijk de wond dan met jodium. Het zal eerst erg steken, maar dat is nu eenmaal niet anders.'

'Luister es,' zei de dokter en hij maakte wéér een gebaar alsof hij nu wilde weggaan, 'laten we niet zo belachelijk doen, maar teruggaan naar huis en dan...'

'Bestrijk die wond met jodium.'

De dokter aarzelde. Hij zag Klausners handen zich stevig klemmen om de steel van de bijl. Hij bedacht dat hij maar één ándere mogelijkheid had, en dat was snel wegrennen; maar daar bedánkte hij voor.

'Goed,' zei hij, 'ik zal er jodium op doen.'

Hij haalde zijn zwarte tas, die ongeveer tien meter verder op het gras lag, opende hem en nam er een flesje jodium en een prop watten uit. Hij liep naar de tronk van de boom, haalde de kurk van het flesje, goot wat jodium op de prop watten, bukte zich en begon er de kloof mee te bewerken. Hij hield met één oog Klausner in de gaten, die daar roerloos stond toe te kijken met de bijl in zijn handen.

‘Denk er aan, dat het goed moet dóórdringen.’
‘Ja, ja,’ zei de dokter.
‘En nu de andere wond, die daar vlak boven.’
De dokter deed wat hem gezegd was.
‘Zo,’ zei hij, ‘’t is klaar.’
Hij richtte zich op en bekeek het werk zijner handen op serieuze wijze. ‘Nu zal het wel gaan.’
Klausner kwam naderbij en bestudeerde de beide wonden met diep-ernstige blik.
‘Ja,’ zei hij, terwijl hij zijn groot hoofd langzaam op en neer bewoog, ‘nu zal het wel gaan.’ Hij deed een stap terug. ‘Komt u morgen terug om er naar te kijken?’
‘O ja,’ zei de dokter, ‘natuurlijk.’
‘En doet u er dan nog wat jodium op?’
‘Als het nodig is, ja.’
‘Dank u, dokter,’ zei Klausner, en hij knikte weer. Toen liet hij de bijl vallen en opeens glimlachte hij – het was een wilde, opgewonden lach… De dokter liep snel naar hem toe en greep hem zachtjes bij de arm en zei: ‘Kom, nu moeten we gaan.’ En plotseling liepen zij samen weg; heel snel en zonder een woord te zeggen liepen zij het park door, de weg over, terug naar Klausners huis.

Roald Dahl
uit: Alle verhalen, Meulenhoff Boekerij

# Julie komt op haar pootjes terecht

## ELISABETH GILBERT

Ik heb drie maanden in San Francisco gewoond en in die tijd ben ik maar met één man naar bed geweest, een boerenkinkel uit Tennessee. Dat had ik net zo goed thuis kunnen doen. Dan had ik mezelf de dure huur in San Francisco kunnen besparen. Een hele stad vol goed opgeleide, succesvolle mannen, en ik moest zo nodig achter de eerste de beste man met een John Deere-pet aan. Hij viel me op in de kroeg omdat hij met zijn houthakkershemd en witte sokken uit de toon viel bij alle zakenmannen. Hij zat een biertje te drinken, en naast het flesje zag ik een blikje pruimtabak. Als ik ergens een hekel aan heb, zijn het wel mannen die tabak pruimen. Ik ging naast hem zitten.

'Hoe heet je?' vroeg ik.

'Goh, je vloog bijna op me af,' zei hij.

'Jezus, wat een lange naam,' zei ik. Ik bestelde een biertje en ging lekker op de barkruk zitten. Hij zei dat hij Dean heette.

'Ik ben Julie,' zei ik. 'Hoe ben je in San Francisco verzeild geraakt, Dean?'

'Ik ben hier gestationeerd met het leger.'

Ik dacht: Ik ben niet helemaal naar Californië gekomen om een domme zuiderling met een goedkoop horloge en een geschoren hoofd te versieren, een heikneuter uit een dorpje dat waarschijnlijk nog kleiner is dan het gehucht waar ik zelf vandaan kom.

'En wat doe je precies in het leger, Dean?'

'Ik spring uit vliegtuigen.' Er was iets aan de lijzige toon waarop hij de woorden uitsprak waardoor de opmerking ongelofelijk insinuerend klonk. Hij wierp een keurende blik op me, waarna we een flinke tijd niets zeiden.

'Goh,' zei ik ten slotte. 'Leuk hoor.'

Dean bleef me even aankijken. Hij vouwde het papieren servetje dat voor me lag open, hield het boven mijn hoofd en liet het toen vallen: een piepkleine parachute met in een hoekje de woorden pierce street bar. Het servetje dwarrelde naar beneden en kwam op mijn pakje sigaretten terecht.

'Je blijft maar vallen,' zei hij. 'En uiteindelijk kom je op je pootjes terecht.'

Ik nam een flinke teug van mijn biertje en zette het flesje toen weer op precies dezelfde plek waar het eerder had gestaan, waar zich nu een vochtige cirkel bevond. Ik voelde de magneet inmiddels aan mijn knieholten en zachtjes in mijn onderbuik trekken.

'Heb je cowboylaarzen?' vroeg ik.

'Hoe dat zo?'

'Omdat ik je schoenen maar niks vind. Je ziet er hartstikke stom uit met die witte sokken en nette schoenen. Volgens mij zou je er een stuk beter uitzien als er cowboylaarzen onder die spijkerbroek van je vandaan kwamen.'

Dean lachte. 'Ja hoor, ik heb best cowboylaarzen.

Kom vannacht met me mee naar de Presidio en ik trek ze voor je aan.'

'Goh, je verspilt niet veel tijd aan voorspel in de vorm van conversatie, hè?' vroeg ik. Ik legde mijn hand op mijn bierflesje. Dean legde zijn hand op de mijne.

'Wat heb je mooie handen,' zei hij.

'Ik was eigenlijk net van plan een slok te nemen,' zei ik. Ik hoorde zelf hoe zacht en onzeker het eruit kwam. Ik schraapte mijn keel.

We keken naar zijn hand op de mijne en naar mijn hand op het flesje, waarop ik zei: ‘Zelf heb je anders ook mooie handen. Groot maar wel mooi.’ Ik voelde zijn eeltknobbels op mijn vingers. ‘Je weet wat ze zeggen over mannen met grote handen,’ ging ik verder.
Dean grijnsde. ‘O ja? Wat dan?’
‘Die hebben een grotere maat handschoenen nodig.’
Het was een eitje om de pick-up van Dean te vinden. Het was de enige pick-up in Pierce Street met een Tennessee-nummerbord, en daarbij stond hij recht tegenover het café.
‘Ben je helemaal met dat geval vanuit Tennessee komen rijden?’
‘Ja. Ik heb er maar twee dagen over gedaan.’
Op de stoel lag een leeg donutdoosje, en het raampje aan de passagierszijde stond halfopen. De vloer van de auto lag bezaaid met lege patatbakjes, de plastic ringen waarmee sixpacks bier bijeen worden gehouden en lege doosjes van cassettebandjes. Toen ik instapte, voelde ik dat er onder mijn voet iets brak.
‘Wat was dat?’ vroeg Dean.
Ik las het opschrift op het doosje voor. ‘De grootste hits van Hank Williams Junior, deel 2. Dat meen je niet.’
‘Hoezo niet? Heb je nog nooit countrymuziek gehoord dan?’
‘Was het maar waar.’
Dean startte de auto en reed Pierce Street uit.
‘Waar zei je dat je vandaan kwam, Julie?’
‘Standaarddorp ergens in Amerika,’ zei ik.
‘Je stem klinkt een beetje zuidelijk.’
‘Misschien wel.’
‘Kom eens dichterbij,’ zei Dean. Hij gaf een klopje op de rand van de stoel naast hem om aan te geven dat ik een beetje

moest gaan verzitten. Ik schoof zo dicht mogelijk naar hem toe. ‘Ik zou graag mijn arm om je heen slaan,’ zei hij, ‘maar ik moet wel kunnen schakelen.’

Ik nam zijn hand van de schilferende zwarte bal aan het uiteinde van de versnellingspook en sloeg hem om mezelf heen.

‘Gaan we het hele eind naar de legerbasis in zijn twee rijden?’ vroeg hij.

‘Ik schakel wel,’ zei ik, en zo reden we: ik schakelde, met mijn andere hand op zijn linkerbovenbeen zodat ik wist wanneer hij de koppeling intrapte, en mijn gezicht zo dicht tegen zijn borst dat ik hem kon voelen ademen en de drukknoopjes op zijn overhemd kon zien. Terwijl Dean met zijn ene hand stuurde, lag zijn andere hand eerst op mijn schouder, toen onder mijn arm tegen mijn ribben, en ten slotte op mijn borst. Een tijdlang zeiden we niets. Toen zei Dean: ‘Zeg iets. Vertel me een verhaal.’

Ik bracht mijn mond naar zijn oor en schoof mijn hand richting zijn kruis. Hij deed zijn ogen dicht.

‘Let op het verkeer,’ fluisterde ik, waarop hij glimlachend zijn ogen opendeed. Ik zag zijn slagader in zijn nek kloppen.

‘Wat heb je voor bed? Breed of smal?’ vroeg ik.

Zachtjes zei Dean: ‘Smal.’

‘Ik wil graag dat je straks in deze verbleekte spijkerbroek voor me gaat staan, maar dan met cowboylaarzen eronder, nog net zichtbaar onder je pijpen,’ zei ik.

‘Ik wil op je bed liggen en jou dan voor me zien staan, slechts gekleed in die spijkerbroek met lage taille en cowboylaarzen, zonder overhemd. En dan moet je alleen maar naar me kijken, verder niks. Oké?’

Met zijn ogen op de weg gericht slikte en knikte Dean. Ik

drukte een zoen op zijn oor. 'Je ziet er vast geweldig uit met alleen een spijkerbroek en cowboylaarzen aan.'

Toen ik de volgende ochtend wakker werd, zag ik een man met witblond haar en een legerbroek door de kamer lopen. Hij stapte over mijn shirt, beha en rok, die allemaal door elkaar op een hoopje op de vloer lagen. Hij had een wrat op zijn linkerwang, even groot als een airsoftkogeltje en ook dezelfde kleur.

Dean en ik waren in de lepeltje-lepeltjehouding in slaap gevallen, met zijn borst en buik tegen mijn rug en mijn haar in zijn gezicht en mond.

'Dean?' riep de onbekende man met zijn blik op mij gericht. 'Ben je wakker?'

'Dag, Hunt,' zei Dean tegen de achterkant van mijn nek.

'Wie is je partner?'

'Dit is Julie. Julie, dit is Hunt. Mijn kamergenoot.'

'Hoi,' zei ik.

De kamergenoot, Hunt, gaf geen antwoord, dus bleven we elkaar een tijdje aankijken. Hij had een lange verticale gleuf midden in zijn kin, een klein verticaal gleufje aan het puntje van zijn neus en een diepe groef tussen zijn ogen. Het zag eruit alsof iemand ter voorbereiding op het doormidden zagen van zijn gezicht streepjes had gezet, maar de klus nooit helemaal had afgemaakt.

Onder de kriebelige groene legerdekens schoot Dean zijn vlakke hand tussen mijn bovenbenen. Daar liet hij hem rusten, koel en onbeweeglijk maar vol mogelijkheden.

'Waar heb je vannacht geslapen, Hunt?' vroeg hij.

'Tv-kamer.'

'Echt niet.'

'Echt wel.'

‘Nergens voor nodig, man.’ Dean bewoog zijn hand een beetje naar boven, een klein stukje verder tussen mijn dijen.
Hunt grijnsde, maar slechts met één kant van zijn gezicht, alsof hij een beroerte had gehad. ‘Toen ik om drie uur vannacht thuiskwam,’ zei hij, ‘hoorde ik zoveel actie in deze kamer dat ik dacht dat ik me maar beter gedeisd kon houden.’
Dean lachte. Ik draaide me voorzichtig om in bed, zodat er geen stukje van me onder de deken vandaan zou piepen, en keek Dean aan.
‘Ik kan niet zeggen dat ik je kamergenoot erg geslaagd vind,’ fluisterde ik in zijn oor, waarna hij nog harder begon te lachen.
‘Julie mag je niet, Hunt,’ zei hij.
‘Ik heb net die clip van Madonna gezien,’ zei Hunt, volstrekt onaangedaan door die mededeling van Dean. ‘Je weet wel, die ene waarin ze een mannenpak aanheeft en vol in haar eigen kruis grijpt, net als Michael Jackson.’
‘Ik weet welke je bedoelt,’ zei Dean.
‘Ze is hot, hè?’
‘Ja, nou.’
Ik probeerde een aangename positie te vinden met mijn hoofd op de borst van Dean, een klein eindje van zijn sleutelbeen vandaan, en liet mijn vinger over het zachte, dunne streepje haar onder zijn navel glijden.
‘Ik ga nog wat tv kijken,’ zei Hunt. ‘Misschien laten ze die clip nog weleens zien. De laatste tijd draaien ze hem vaak.’
‘Ja, nou,’ zei Dean.
‘Als ik straks terugkom, moet ik dan kloppen?’
‘Wat jij wilt, man.’
Zodra Hunt de deur uit was, klom Dean boven op me en trok mijn bovenbenen om zijn heupen heen. Ik legde mijn handen

op de achterkant van zijn hoofd en sloeg ze ineen.
'O jezus,' zei Dean. 'Wat ben ik blij dat we weer wakker zijn.'
'Maar goed, je hebt het dus niet zo op mijn kamergenoot?' vroeg Dean. We zaten in zijn pick-up aan het uiteinde van Baker's Beach bier te drinken en naar de enige twee mensen in het water te kijken, die een frisbee heen en weer stonden te gooien.
'Als zij straks verdrinken, hebben we het strand voor ons alleen,' zei ik.
De pick-up van Dean rook naar de hamburgers die we net ophadden.
'Wat mij betreft mogen ze het strand houden,' zei Dean. 'Het is toch veel te koud om te zwemmen. Ik ben blij dat we het parkeerterrein voor onszelf hebben.'
Hij stopte zijn pink in de hals van zijn bierflesje en zwaaide het flesje langzaam voor zijn gezicht heen en weer, alsof hij zichzelf probeerde te hypnotiseren.
'Vroeger heb ik dit ook eens gedaan, en toen kreeg ik mijn vinger er niet meer uit.'
'Nou, dan is het hartstikke slim dat je het nu nog eens doet.'
Hij trok met een plop zijn vinger uit het flesje en hield hem omhoog. Ik boog me voorover en beet in zijn vinger.
'Smaakt hij naar bier?' vroeg hij.
'Niet echt.'
Dean trok me tegen zich aan en haalde zachtjes zijn tong over mijn lippen. 'Je smaakt lekker.'
Ik gaf hem een kus en ging toen naar achteren zitten, met mijn rug tegen de leuning.
'Nee, ik heb het niet zo op je kamergenoot,' zei ik. Ik legde mijn voeten op het dashboard en keek tussen mijn voeten door naar de zwemmers.

'Waar komt hij helemaal vandaan? Alabama of zo?'

'West Virginia.'

'Echt waar? Nou, ik mag hem niet. Hij doet me denken aan de jongens in het dorp waar ik vandaan kom. Ik ken dat type.'

'O ja?'

'Ja.' Met mijn vingertoppen streek ik de haartjes op het been van Dean de verkeerde kant op, waarna ik ze weer gladstreek. Hij had een korte broek aan, maar geen overhemd. Wel cowboylaarzen.

'Ik durf te wedden dat Hunt zo'n enorme pick-up heeft, met extra grote wielen,' zei ik. 'En hij heeft vast zo'n gesp waarop staat: het zuiden zal herrijzen. En ooit maakt hij een meisje zwanger, misschien wel zijn eigen nichtje, en dan krijgen ze allemaal kinderen net als hij. Een heel nest vol zandtaartjes etende kinderen met ringwormen.'

Dean lachte. 'Op wat voor soort mannen val je dan wel?' Hij liet zijn bierflesje op zijn handpalm balanceren.

'Studenten,' zei ik. 'Advocaten. Je weet wel.'

Dean knikte belangstellend. 'Vraagje. Met hoeveel van dat soort mannen heb je iets gehad sinds je van huis bent weggegaan?'

Ik keek hem onbewogen aan. 'Ik zei maar één ding. Dat is het type waar ik op val.'

Hij knikte nog eens. 'Dus je valt niet op mannen als ik?'

'Nee.'

Dean zette zijn flesje op het dashboard en duwde me zachtjes naar beneden, zodat ik plat op mijn rug op de stoel lag. 'Dat vermoeden had ik al,' zei hij. Hij schoof mijn slipje naar beneden, onder mijn rok vandaan, voorbij mijn enkels, en trok het uit. Toen duwde hij mijn rok op tot mijn middel, stopte zijn hoofd tussen mijn benen en begon mijn dijen te kussen.

'Jezus tering, wat geweldig,' zei ik na een paar minuten.

Dean keek op. 'Voor een meisje van het platteland kun je aardig vloeken. Je mag je mond weleens gaan spoelen.'

'Als jij zo doorgaat mag je zelf zo meteen ook wel je mond gaan spoelen.'

Om middernacht zaten we samen in een pannenkoeken-restaurant.

'We hebben iets te vieren,' zei Dean. Hij bracht een toost uit met zijn milkshake. 'We zijn nu al een heel etmaal bij elkaar.'

'Wat een beroerde serveersters hebben ze hier,' zei ik. Ik hief mijn glas water, niet om een toost uit te brengen, maar om het bij te laten vullen. 'Ik zit nu al een halfuur op deze ijsklontjes te zuigen.'

'Tien minuten,' verbeterde Dean me.

'Ja, maar dan nog. Serveersters horen op dat soort dingen te letten. Goede serveersters althans wel.'

'Als je glimlacht, ziet de onderkant van je ogen er zo uit.' Dean stak zijn vinger in zijn milkshake en tekende een halve maan op de tafel. 'Lief hoor.'

De huid rondom mijn mond deed zeer van de stoppels van Dean en ik kon nauwelijks meer zitten, zo'n pijn deed het van alle seks. Dean legde zijn hoofd op de rugleuning van de turquoise vinyl stoel en deed zijn ogen dicht.

'Nu al uitgeteld?' vroeg ik.

Hij glimlachte en schudde zonder zijn ogen open te doen zijn hoofd. 'Helemaal niet. Ik ben klaar voor de volgende ronde.'

'Leugenaar. Ik zag hoe je zopas liep. Je leek wel een cowboy, man.'

'Komt door de cowboylaarzen.'

De serveerster vulde mijn glas water bij. Een hele tijd zeiden we niets tegen elkaar. Toen dronk ik in één teug mijn glas leeg,

schraapte mijn keel en zei: 'Nou… leuk kennis met je gemaakt te hebben, Dean.'
Hij tilde zijn hoofd op van de rugleuning van de stoel en keek me aan. Hij had amberkleurige ogen, dezelfde kleur als het laatste restje whisky dat op de bodem van een vat ligt te verjaren.
'Ga je ergens heen dan?' vroeg hij.
'Niet echt. Of misschien ook wel, ja. Misschien blijf ik wel in San Francisco, en misschien ga ik binnenkort wel weg. Ik vind het niet fijn om lang op dezelfde plek te blijven, als je begrijpt wat ik bedoel.'
Dean gaf geen antwoord. Hij wachtte af.
'Of misschien ga ik wel naar Los Angeles,' vervolgde ik. Ik keek van het gezicht van Dean naar de vitrine met de toetjes en toen naar de deuren van de toiletten. 'Ik zit te denken om naar Seattle te gaan, of misschien wel naar Portland.'
'Ben je van plan morgen al te vertrekken of zo?' zei Dean verward.
Ik rolde met mijn ogen. 'Laten we er vooral geen ruzie over maken. Oké?'
'We zitten helemaal geen ruzie te maken. Ik vroeg me alleen af wat je bedoelde met: "Het was leuk kennis met je gemaakt te hebben."'
'Dean, je bent een leuke vent en zo, maar ik heb geen enkele behoefte aan een relatie. Ik wil niet dat je aan me gehecht raakt of zo.'
'Wat?'
'Want daarvoor ben ik niet helemaal naar Californië verhuisd.'
'O nee?'
'Nee.'
Ik pakte de fles ahornstroop die op tafel stond. Ik hield hem ondersteboven en keek hoe de bruine vloeistof in de fles in

beweging begon te komen, traag als lava.
'We hebben niks gemeen, Dean. Jij maakt je tijd bij het leger vol en daarna ga je waarschijnlijk terug naar Tennessee. Hartstikke leuk hoor, prima voor jou, maar niet voor mij. Ik ben niet van plan te trouwen en dan naar Tennessee te verhuizen.'
'Had ik je dat dan gevraagd?'
'Je snapt best wat ik bedoel.'
'Nee, eerlijk gezegd niet.'
Ik stak mijn hand uit naar de andere kant van de tafel. Hij stond toe dat ik zijn hand in de mijne nam, op dezelfde gelaten manier waarop je een serveerster toestaat een bord af te ruimen.
'Dean,' zei ik. 'Moet je horen. Ik heb niet driedui-zend kilometer gereisd om met iets thuis te komen wat ik ook om de hoek had kunnen krijgen. Oké?'
Hij gaf niet meteen antwoord. Uiteindelijk zei hij zonder beschuldigend te klinken: 'Er zaten genoeg mannen in de Pierce Street Bar van het type waarnaar je op zoek bent, Julie. Als je echt zo nodig zo'n man wilt, waarom kwam je dan naast mij zitten?'
Ik liet zijn hand los en legde mijn eigen hand op mijn schoot. Ik keek naar mijn mouw, die vies was van de vloer van de kamer van Dean.
'Ik ken jouw type…' begon ik, in de hoop dat ik even neutraal klonk als Dean, maar ik maakte mijn zin niet af.
'Helemaal niet, Julie. Je hebt geen idee wat voor type ik ben.'
'Nou eh, volgens mij wel.'
'Als je dat denkt, heb je het mis,' zei hij. 'Je hebt geen idee wat voor type ik ben, althans niet echt, en als je denkt van wel, dan heb je het mis.'
We keken elkaar over de tafel heen aan. Dean had een

gelijkmatig en open gezicht. Ik dacht: Ik ben niet helemaal naar Californië gekomen om met zo'n vent iets te krijgen. Ik zei echter niets.
Ik keek toe hoe de serveerster bij de toetjesvitrine een stuk van een grote witte taart sneed en dat voorzichtig op een bord legde. Ze keek even om zich heen en likte toen snel een veeg glazuur van haar duim. Tegelijkertijd stond een andere serveerster de bin-nenkant van een grote koffiepot te schrobben met iets wat eruitzag als een wc-borstel.
'Wat zit je te doen?' vroeg Dean na een tijdje.
'Gewoon,' zei ik. 'Een beetje kijken.'
Hij glimlachte een beetje.
'Wat?' zei ik.
'O, niks,' zei Dean met een nog bredere glimlach.
'Je lijkt alleen geen aanstalten te maken om op te springen en ervandoor te gaan, da's alles.'
'Wacht maar af. Dat komt nog wel.'
Dean haalde zijn schouders op. 'Ik wacht rustig af.'
'Oké,' zei ik. 'Wacht maar.'
De serveersters liepen af en aan door het restaurant. Ze brachten klanten naar hun plaats, dienden eten op en stopten fooien in het zakje van hun schort. Er kwam iemand met een zwabber uit de keuken om iets op te ruimen wat op de vloer was gevallen. De manager, die bezig was met een kruiswoord-puzzel, nam af en toe een klein slokje van een groot glas melk. Terwijl ik naar hen zat te kijken, zat Dean stilletjes tegenover me te wachten.
Ik dacht: Hoe lang blijft die gast hier nog zitten? Maar Dean stond niet op, en ikzelf evenmin.

Elizabeth Gilbert
uit: Pelgrims, Uitgeverij De Bezige Bij

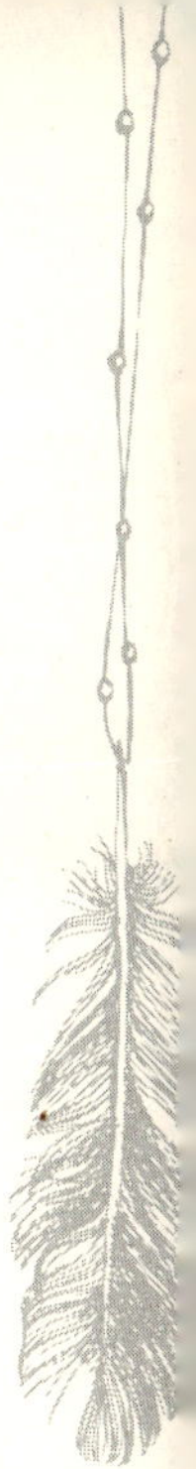

# Sorry dat ik stoor

## HILARY MANTEL

In die dagen ging de bel niet vaak en als hij ging, trok ik me terug in de diepten van het huis. Alleen als het bellen aanhield, sloop ik over de tapijten en door de vertrekken naar de voordeur met zijn spiekgaatje. We waren liefhebber van grendels en luiken, nachtsloten en stiftcilinders, deurkettingen en ramen met tralies ervoor die hoog in de muur zaten. Door het spiekgaatje zag ik een geagiteerde man in een gekreukt zilvergrijs pak: rond de dertig, oosters. Hij had een stap terug gedaan van de deur en keek om zich heen, eerst naar de dichte deur tegenover de onze, toen naar de stoffige marmeren trap. Hij beklopte zijn zakken, haalde er een verfrommelde zakdoek uit en wreef ermee over zijn gezicht. Hij zag er zo wanhopig uit dat zijn zweet tranen hadden kunnen zijn. Ik deed open. Meteen stak hij zijn handen op als om te laten zien dat hij ongewapend was, zijn zakdoek een slaphangende witte vlag.
'Mevrouw!'
Schrikwekkend bleek moet ik hebben gezien in het licht dat beweeglijke schaduwvlekken op de betegelde wanden wierp. Maar hij ademde diep in, rukte aan zijn slodderige colbertje, haalde een hand door zijn haar en toverde zijn visitekaartje tevoorschijn.
'Muhammad Idjaaz. Import-Export. Sorry dat ik uw middag zo verstoor. Ik ben helemaal verdwaald. Mag ik alstublieft gebruikmaken van uw telefoon?'
Ik stapte opzij om hem binnen te laten. Ongetwijfeld glimlachte ik. Gezien het vervolg moet ik aannemen dat ik glimlachte. 'Natuurlijk. Als die het wil doen vandaag.'

Ik liep voor hem uit en hij kwam al pratend achter me aan: een belangrijke deal, hij had hem bijna gesloten, nu doorpakken met persoonlijk onderhoud, de tijd die – hij schoof zijn mouw terug en raadpleegde een nep-Rolex – de tijd die drong; hij had het adres – weer beklopte hij zijn zakken – maar kantoor niet waar het had moeten zijn. Hij sprak rad Arabisch aan de telefoon, vloeiend, agressief, trok zijn wenkbrauwen op, schudde ten slotte het hoofd; hij legde de hoorn op de haak, keek even spijtig naar de telefoon, toen met een wrange glimlach naar mij. Een zwakke mond, dacht ik. Een man die net niet knap was: slank, vaal, gemakkelijk van zijn stuk gebracht. 'Mevrouw, ik ben u zeer verplicht,' zei hij. 'Nu moet ik snel verder.'
Ik wilde hem ... wát aanbieden? Een minuutje in de badkamer? Een sanitaire stop? Ik had geen idee hoe ik het moest verwoorden. Het absurde 'kattenwas' schoot door mijn hoofd. Maar hij was al op weg naar de deur, al dacht ik niet (gezien de manier waarop het telefoontje was verlopen) dat ze op zijn bestemming net zo stonden te trappelen om hem te spreken als hij om hen te spreken. 'Die krankzinnige stad,' zei hij. 'Altijd zijn ze straten aan het opbreken en verleggen. Nogmaals sorry, het spijt me echt dat ik zo kom binnenvallen.' In de hal schoot zijn blik weer naar links en rechts en de trap op. 'Alleen de Britten zullen je ooit helpen.' Hij ging schielijk de hal door en wrikte de buitenvoordeur met zijn zware siersmeedijzeren scherm open, waardoor hij heel even het gedempte geraas binnenliet van het verkeer op Medina Road. De deur zwaaide terug; hij was weg.
Discreet sloot ik de binnenvoordeur en verdween in de drukkende stilte. De airco ratelde als een oud-familielid met een losse rochel. Insecticide hing zwaar in de lucht; soms liep

ik al sprayend door het huis, en dan daalden lichte nevelflarden als sluiers om me heen. Ik hervatte Les Vijf van mijn leerboek en cassettebandje: Ik woon in Djedda. Ik heb het druk vandaag. God sta u bij!

Toen mijn man die middag thuiskwam, zei ik: 'Er kwam een verdwaalde man aan de deur. Een Pakistaan. Zakenman. Ik heb hem binnengelaten zodat hij kon bellen.'

Mijn man zei niets. De airco gierde. Hij stapte in de douche nadat hij die van kakkerlakken had ontdaan. Kwam er druipnat en naakt weer uit, ging op bed liggen, staarde naar het plafond. De volgende dag gooide ik het visitekaartje in de prullenbak.

's Middags ging opnieuw de bel. Idjaaz was teruggekomen, om zich te verontschuldigen, uitleg te geven, me te bedanken dat ik hem had gered. Ik maakte een kop oploskoffie voor hem, en hij ging zitten en vertelde over zichzelf.

Dat was in juni 1983. Ik was toen zes maanden in Saoedi-Arabië. Mijn man werkte voor een geologisch adviesbureau uit Toronto en was door het bedrijf gedetacheerd bij het ministerie van Petroleum en Mineraalgrondstoffen. De meesten van zijn collega's waren ondergebracht in 'gezins-compounds' in allerlei soorten en maten, maar alleenstaande mannen en kinderloze echtparen zoals wij moesten het doen met wat we konden krijgen. Dit was onze tweede woning. De Amerikaanse vrijgezel die er hiervoor had gezeten, was er in allerijl uit verwijderd. Boven, in dit in vier appartementen opgedeelde complex, woonde een Saoedische ambtenaar met zijn vrouw en baby, het appartement naast hen stond leeg en op de begane grond aan de overkant van de hal woonde een Pakistaanse accountant die de privéboekhouding deed van een minister. De vrijgezel had, wanneer hij het vrouwvolk in de hal of op de trap tegenkwam (de een van top tot teen

gehuld in sluiers, de ander deels), hun leven kleur gegeven door 'Hallo!' te roepen. Of misschien zelfs wel 'Hi!'
Er waren geen aanwijzingen voor verdere impertinentie. Maar er was een klacht ingediend en hij verdween en wij kwamen voor hem in de plaats. Naar Saoedische maatstaven was het appartement klein. Het was gestoffeerd met beige tapijt en gebroken wit behang met een nauwelijks waarneembaar golfjespatroon. De ramen waren beveiligd met zware houten rolluiken, die je neerliet door binnen aan een hendel te draaien. Zelfs met de rolluiken open was het er schemerig en moest ik de tl-lampen de hele dag aan laten. De vertrekken werden van elkaar afgesloten door dubbele deuren van donker hout, zo zwaar als het deksel van een doodskist. Het was alsof je in een rouwcentrum woonde, met stapels stalen om je heen en opportunisten in insectengedaante die zichzelf schroeiden aan de lichten. Hij had het diploma van een handelshogeschool in Miami, vertelde Idjaaz, en zijn handel, zijn voornaamste handel op het moment, was gebotteld water. Was het gisteren nog tot een akkoord gekomen? Hij reageerde ontwijkend; zo simpel lag het duidelijk niet. Hij wuifde: geef het tijd, geef het tijd. Ik had nog geen vrienden in deze stad. Het sociale leven, of wat ervoor doorging, speelde zich af bij de mensen thuis: er waren geen bioscopen, geen theaters, geen auditoria. Er waren sportvelden, maar vrouwen mochten er geen gebruik van maken. 'Gemengde' bijeenkomsten waren niet toegestaan. De Saoedi's gingen niet om met buitenlandse werknemers. Ze keken op hen neer als een noodzakelijk kwaad, al stonden blanke, Engelssprekende expats boven aan de pikorde. Andere, zoals bijvoorbeeld Idjaaz, waren 'derdelandsburgers', een etiket dat hen blootstelde aan een keur van onbarm-

hartigheden, schofferingen en dagelijkse kopzorgen. Indiërs en Pakistanen bemanden winkels en kleinbedrijf. Filipino's werkten op bouwplaatsen. Mannen uit Thailand veegden de straten schoon. Bebaarde Jemenieten zaten voor winkels op het trottoir, met opgetrokken rok en hun harige benen voor zich uit, hun teenslippers centimeters van de voorbijrazende auto's vandaan.
Ik ben getrouwd, zei Idjaaz, en met een Amerikaanse. Je zou haar moeten leren kennen. Misschien, zei hij, misschien kun je iets voor haar doen, weet je wel?
Ik kon op zijn hoogst de in Djedda gebruikelijke regeling voor me zien van aan elkaar gekluisterde koppels. Vrouwen konden zich amper bewegen in deze stad; ze hadden geen rijbewijs, en alleen de rijken beschikten over een chauffeur. Elkaar bezoeken moest dus als echtpaar. Ik zag Idjaaz en mijn man geen vrienden worden. Idjaaz was te rusteloos en zenuwachtig. Hij lachte om niets. Hij frunnikte voortdurend aan zijn kraag, hield zijn voeten in de sleetse Oxfords geen moment stil, tikte op zijn nep-Rolex, verontschuldigde zich om de haverklap.
We wonen onder in de stad bij de haven, zei hij, met mijn broer en schoonzus, alleen is mijn broer op het moment terug naar Miami; en mijn moeder logeert op het moment bij ons; en mijn vrouw uit Amerika, en mijn zoon en mijn dochter, zes jaar, acht jaar. Hij haalde zijn portefeuille tevoorschijn en liet me een vreemd uitziend jongetje met een torenschedel zien: 'Salim.'
Bij zijn vertrek bedankte hij me er nogmaals voor dat ik hem zo gastvrij binnenliet. Tenslotte, zei hij, had hij hij-wist-niet-wie kunnen zijn. Maar zo zijn de Britten niet, dat ze meteen het slechtste denken van een vreemdeling in nood. Bij de deur schudde hij me de hand. Zo, dat is dat, dacht ik. Een deel van me dacht erbij: en maar goed ook.

Want je werd altijd geobserveerd, in de gaten gehouden zonder echt te worden gezien of herkend.Om de afstand tussen mijn flat en de hare te overbruggen sloeg mijn Pakistaanse buurvrouw, Yasmin, een sjaal over haar lange krullen en gluurde om het hoekje van de deur; nerveus, op haar tenen, hopte ze vervolgens over het marmer, op haar qui-vive voor het geval iemand net dát moment zou kiezen om door de zware voordeur beneden binnen te vallen. Soms, wanneer ik me begon te ergeren aan het stof dat onder de deur door naar binnen waaide en zich op het marmer ophoopte, ging ik met een bezem de hal in. Als mijn Saoedische bovenbuurman dan op weg naar zijn auto naar beneden kwam, stapte hij zonder naar me te kijken, met afgewend hoofd, over mijn bezemvegen heen. Hij verleende me onzichtbaarheid, als blijk van respect jegens andermans vrouw.

Ik was er niet zeker van dat Idjaaz me dat respect toonde. Onze situatie was ongewoon en rijp voor misverstanden: ik ontving herenbezoek. Waarschijnlijk dacht hij dat alleen een vrouw die het gevaar opzocht, een vreemde zou binnenlaten. Al kon ik in feite geen gooi doen naar wat hij waarschijnlijk dacht. Maar met zijn handelshogeschool in Miami, met zijn tijd in het Westen moest mijn houding toch eerder wel dan niet normaal aandoen? Nu hij me kende was zijn conversatie ontspannen, vol flauwe grapjes waar hij zelf om lachte; maar ineens was er dan weer het gewiebel met zijn voet, het gefrunnik aan zijn kraag, het getrommel met zijn vingers. Al luisterend naar mijn cassettebandje had ik gemerkt dat zijn probleem in Les Negentien was voorzien: Ik heb mijn chauffeur het adres gegeven, maar toen we daar aankwamen, was er geen huis te bekennen. Ik hoopte met mijn nuchtere vriendelijkheid duidelijk te maken wat alleen maar waar was:

dat onze situatie simpel kon zijn omdat ik me volstrekt niet tot hem aangetrokken voelde; zozeer niet zelfs dat ik het gevoel had dat ik me moest verontschuldigen. En daar begon het fout te gaan: met mijn gevoel dat ik het nationale karakter moest uitdragen dat hij me had toebedeeld, en dat ik moest oppassen hem niet te krenken of de vriendschap te weigeren, voor het geval hij dacht dat het was omdat hij een derdelandsburger was. Want zijn tweede bezoek, en zijn derde, waren een verstoring, een irritatie. Omdat ik in die stad geen keus had, had ik besloten mijn afzondering te koesteren. Ik was indertijd niet in orde en onderworpen aan een strikt medicijnregime dat me helse hoofdpijn bezorgde, me enigszins doof maakte en ervoor zorgde dat ik, ook al had ik trek, geen hap kon eten. Het waren dure medicijnen en ze moesten uit Engeland komen; het bedrijf waar mijn man werkte importeerde ze per koerier. Nieuws hierover lekte uit en de expat-echtgenotes hadden bedacht dat ik vruchtbaarheidsmedicijnen slikte, alleen wist ik dat niet, zodat onze gesprekken een bizar kantje kregen en op mij nogal bedreigend overkwamen. Waarom hadden ze het bij die gelegenheden van gedwongen bedrijfsgezelligheid in vredesnaam steeds over vrouwen die miskramen hadden gehad maar nu met een wolk van een baby in de kinderwagen liepen? Een oudere vrouw vertelde me in vertrouwen dat die twee van haar geadopteerd waren. Ik bekeek ze eens goed en dacht: jezus, waar heb je ze vandaan, uit de dierentuin? Ook mijn Pakistaanse buurvrouw koerde over de telgen die ik vast gauw zou hebben (zij was op de hoogte van de geruchten, maar ik weet haar hints aan het feit dat ze zwanger was van haar eerste en een lotgenote wilde). Ik zag haar bijna elke ochtend voor een kop koffie en een praatje en bracht haar nogal ferm aan de praat over de islam, wat niet moeilijk was: ze was een geïnformeerde vrouw en gaf graag uitleg. 6 juni: Twee uur bij mijn buurvrouw gezeten, staat er in mijn dagboek, waarin we gevoeglijk de culturele kloof hebben verbreed. De volgende dag bracht mijn man vliegtickets en mijn uitreisvisum mee naar huis voor ons allereerste verlof over zeven weken. Donderdag 9 juni: Grijze haar op mijn hoofd gevonden. Thuis waren er verkiezingen en we zaten de hele nacht op om naar de uitslagen te luisteren op bbc World Service. Toen we het licht uitdeden danste de ijzeren kruideniersdochter in mijn dromen de horlepijp op de maat van de Lillibulero. Vrijdag was een vrije dag, en we sliepen ongestoord door tot de oproep voor het middaggebed. De ramadan begon. Woensdag 15 juni: The Twyborn Affair gelezen en nu en dan overgegeven. Op de zestiende vertrokken onze buren van de overkant van de hal in wit gehuld op pelgrimstocht. Ze belden bij ons aan voor ze gingen: Kunnen we iets voor jullie meebrengen uit Mekka? 19 juni verplaatste ik in een razend verlangen naar verandering al het meubilair in de zitkamer en tekende op: niet per se een verbetering. Ik schrijf dat ik ten prooi val aan onplezierige gedachten die zich niet laten wegdrukken, maar zeg er niet bij welke. Ik beschrijf mezelf als koortsig, misselijk en somber. Omstreeks 4 juli moet ik beter in mijn vel hebben gezeten, want onder het strijken luisterde ik naar de Eroïca. Op de ochtend van 10 juli stond ik als eerste op, zette koffie en ging naar de zitkamer, waar ik tot de ontdekking kwam dat het meubilair had geprobeerd zichzelf op zijn oude plek terug te zetten. Een leunstoel helde naar links alsof hij een dronkenmansdans deed: aan de ene kant stond hij op het tapijt, maar aan de andere had hij één poot in de lucht en bewaarde met de andere een wankel evenwicht op de rand van een petieterig prullenmandje. Met open mond schoot ik terug naar de slaapkamer. Het was de dag van het Suikerfeest, mijn man was vrij en nog maar half wakker. Ik brabbelde iets. Zwijgend kwam hij uit bed, zette zijn bril op en liep achter me aan. In de deuropening van de zitkamer bleef hij staan. Hij keek om zich heen en zei zonder aarzelen dat hij er niets mee van doen had. Hij draaide zich om naar de badkamer. Ik hoorde hem de deur dichtdoen, de kakkerlakken vervloeken, de douche aanzetten. Later zei ik: Volgens mij slaapwandel ik. Zou dat het zijn, denk je? Denk je dat ik het zelf heb gedaan? 12 juli: opnieuw de executiedroom. Het probleem was: Idjaaz wist dat ik thuis was. (Hoe kon ik níét thuis zijn?) Op een middag liet ik hem in de hal staan terwijl hij keer op keer op de bel drukte. De keer daarna, toen ik hem wel binnenliet, vroeg hij waar ik was geweest. Toen ik zei: 'Ach sorry, ik zal bij mijn buurvrouw hebben gezeten,' kon ik zien dat hij me niet geloofde, en hij keek me zo verdrietig aan dat mijn hart naar hem uitging. Djedda vrat aan hem, verzuurde hem, en hij miste Amerika, zei hij, hij miste zijn bezoekjes aan Londen, hij moest snel weer eens gaan, een korte vakantie nemen; wanneer gingen wij met verlof, misschien konden we elkaar treffen? Ik legde uit dat ik niet in Londen woonde, wat hem verbaasde; hij leek te denken dat het een smoes was, net als toen ik niet aan de deur was gekomen. 'Want ik kan een uitreisvisum regelen,' zei hij nogmaals. 'Treffen we elkaar daar. Zonder al deze ...' Hij gebaarde naar de deuren als doodskistdeksels, het zware, eigengereide meubilair.

Hij maakte me aan het lachen die dag met zijn verhaal over zijn eerste vriendin, zijn Amerikaanse vriendin met de bijnaam Patches. Ik kon me gemakkelijk een voorstelling van haar maken: hoe ze hem, onbeschroomd en zongebruind, op een dag had verrast door haar topje uit te trekken, hem haar blote borsten onder de neus te houden en een einde te maken aanzijn overjarige maagdelijkheid. De vrees die hem had bevangen, de angst om haar aan te raken ... zijn beschamende prestatie ... hij sloeg zich voor de kop bij de herinnering. Ik was betoverd, denk ik. Hoe vaak vertelt een man dit soort dingen nu? Ik vertelde het aan mijn man om hem aan het lachen te maken, maar hij lachte niet. Vaak ruimde ik de kakkerlakken voor hem op met de stofzuiger voordat hij thuiskwam van het ministerie.

Hij wierp zijn kleren af en verdween. Ik hoorde de plens van de douche.

Les Negentien: Bent u getrouwd?

Ja, mijn vrouw is meegekomen; daar staat ze, in de hoek van de kamer. Ik stelde me de kakkerlakken voor, zwart en hulpeloos in de stofzuigerzak. Ik ging weer aan de eettafel zitten, waaraan ik een komedie schreef. Het was een geheime bezigheid, een die ik nooit noemde tegenover de expat-echtgenotes en maar amper toegaf aan mezelf. Ik pende door onder het licht van de tl-buizen tot het tijd was om met de auto op boodschappen uit te gaan. Je moest je boodschappen doen tussen avond- en nachtgebed; de rolluiken van de winkels sloegen bij de eerste oproep neer, en timede je het verkeerd, dan zat je binnen gevangen, of buiten in de vochtige hitte van het parkeerterrein. In de winkelcentra werd gepatrouilleerd door vrijwilligers van het Comité ter Bevordering van Deugd en Bestrijding van het Kwaad.

Eind juli kwam Idjaaz met zijn gezin op de thee. Mary-Beth was een kleine vrouw, maar leek bol te staan onderde huid; futloos, sproetig, een vervaalde roodharige die in zichzelf gekeerd leek, niet gewend aan conversatie. Een zwijgende dochter met ogen als zwarte sterren was voor de visite opgedoft in een witte jurk met kant en ruches. De torenschedelige Salim was met zijn zes jaar zijn babyvet kwijt en zijn bewegingen waren voorzichtig, alsof zijn botten zomaar konden breken. Zijn blik was oplettend; Mary-Beth keek me nauwelijks aan. Wat had Idjaaz haar verteld? Dat hij haar mee op bezoek nam bij een vrouw die min of meer was zoals hij háár zou willen? Het was een onzalige middag. Ik kan me er alleen doorheen hebben geslagen omdat ik popelde van verwachting; mijn koffers stonden gepakt voor onze vlucht naar huis. Een dag eerder, toen ik naar de logeerkamer was gegaan, waar ik mijn kleren had liggen, had ik opnieuw een verontrustende aanblik te verwerken gekregen. De deuren van de inbouwkleerkast, al even groot en zwaar als de andere doodskistdeksels, hingen half uit hun hengsels en steunden alleen nog op de onderste scharnieren, zodat ze vanboven klapperden als de vleugels van een gammele vliegmachine.

Op 1 augustus vertrokken we in een onweersbui van King Abdulaziz International Airport voor een woelige vlucht. Ik was nieuwsgierig naar Mary-Beth en terwijl één deel van mij hoopte haar weer te zien, hoopte een ander dat zij en Idjaaz simpelweg in het niets op zouden gaan.

Eind november keerde ik pas terug naar Djedda, nadat ik mijn boek in handen van een agent had achtergelaten. Vlak voor ons verlof had ik mijn Saoedische bovenbuurvrouw ontmoet, een jonge moeder die een parttime literatuurstudie volgde aan de vrouwenuniversiteit. Scholing voor vrouwen werd gezien als een luxe, iets voor de sier, een middel voor de echtgenoot om te kunnen opsnijden over zijn ruimdenkendheid; Moenira wist in de verste verte niet wat ze met de opdrachten aan moest, en ik vatte de gewoonte op om halverwege de ochtend naar haar toe te gaan en ze voor haar te maken, terwijl zij in haar negligé op de vloer Egyptische soaps zat te kijken en zonnebloemzaadjes snoepte.Wij drieën, Yasmin, Moenira en ik, waren koffietijdvriendinnen geworden; zodat ze me beter konden observeren, dacht ik, en me bespreken zodra ik weer weg was. Het was gemakkelijker voor Yasmin en mij om naar boven te gaan; om naar beneden te komen, moest Moenira volledig in sluier en abaja worden uitgemonsterd (dat verraderlijke moment in het publieke domein van het trappenhuis, waar een man zomaar kon binnenvallen van de straat en 'Hi!' kon roepen).

Yasmin was frêle, net een prinses uit een Perzische miniatuur. Ze was jonger dan ik, smetteloos gesoigneerd, glanzend afgewerkt met een laagje goede manieren en ingetogenheid. Moenira was negentien, mooi op een grove, gretige manier, met een bleke huid en een haardos die statisch knetterde en een vurig eigen leven leek te leiden; haar lach was een schorre uithaal. Zij en Yasmin zaten op kussens maar wezen mij een stoel (Nee echt, ga zitten). Ter ere van mij serveerden ze Nescafé, al had ik eigenlijk liever een dikke donkere plaatselijke variant gehad. Ik had de brute effectiviteit van cafeïne tegen migraine leren kennen; sommige nachten vloog ik slapeloos ijsberend tegen de muren op en ging pas naar bed wanneer de oproep tot het ochtendgebed klonk, in gedachten nog steeds koortsachtig bezig met de boeken die ik zou kunnen schrijven.

Op 6 december belde Idjaaz aan. Hij was vreselijk blij me weer te zien na mijn lange verlof en stralend zei hij: 'Je lijkt meer op Patches dan ooit.' Ik voelde een flits van schrik; niets, geen woord had me hierop voorbereid. Ik was afgevallen, zei hij, ik zag er goed uit. De dosis van mijn medicijnen was verlaagd en

ik had wat daglicht gekregen, dat was het hem vast, zei ik, maar: 'Nee, je bent veranderd,' zei hij. Een van de expat-echtgenotes had hetzelfde gezegd. Ongetwijfeld dacht ze dat het me eindelijk was gelukt om zwanger te worden.
Ik ging Idjaaz voor naar de zitkamer terwijl hij complimentjes in mijn kielzog strooide, en zorgde voor koffie.
'Misschien komt het door mijn boek,' zei ik, toen ik ging zitten. 'Zie je, ik heb een boek geschreven ...' Mijn stem stierf weg. Dit paste niet in zijn wereld. Niemand las boeken in Djedda. Je kon hier in de winkels alles krijgen behalve alcohol en boekenkasten. Mijn buurvrouw Yasmin, die Engelse taal en letterkunde had gestudeerd, zei dat ze sinds haar huwelijk geen boek meer had gelezen: ze had het te druk met de dinertjes die ze avond aan avond gaf. Ik heb een klein succesje gehad, legde ik uit, of nou ja, ik hóóp op succes, ik heb een roman geschreven, zie je, en die is aangenomen door een agent.
'Een leesboek? Voor kinderen?'
'Voor volwassenen.'
'Heb je dat in je vakantie gedaan?'
'Nee, ik was er al heel lang aan bezig.' Ik voelde me een bedriegster. Ik was eraan bezig geweest toen ik weigerde aan de deur te komen.
'En je man betaalt om het te laten publiceren.'
'Nee, als ik geluk heb, betaalt iemand mij. Een uitgever. De agent hoopt het te kunnen verkopen.'
'Hoe heb je die agent ontmoet?'
Ik kon moeilijk zeggen: via het Writers' & Artists' Yearbook.
'In Londen. In zijn kantoor.'
'Maar je woonde toch niet in Londen?' zei Idjaaz, alsof hij een troef uitspeelde. Hij was op zoek naar zwakke plekken in mijn

verhaal. 'Waarschijnlijk is hij niet pluis. Hij zou je geld weleens kunnen stelen.'

Ik begreep wel dat de term 'agent' in zijn wereld een breed scala aan ongure categorieën kon beslaan. Maar dat 'import-export' op zijn eigen visitekaartje dan? Dat klonk mij nu ook niet in de oren als het toppunt van eerbaarheid. Ik wilde met hem in discussie. De opmerking over Patches zat me nog steeds dwars: Idjaaz leek zonder een woord van waarschuwing onze omgangsvoorwaarden te hebben veranderd. 'Dat lijkt me niet; ik heb hem geen geld gegeven. En zijn kantoor staat goed bekend.' En dat kantoor is waar precies? snibde Idjaaz.

Ik vuurde het adres terug, maar waarom vond ik in vredesnaam dat een kantoor in William IV Street een garantie was voor morele verhevenheid? Idjaaz kende Londen goed.

'Metrostation Charing Cross?' Hij keek nog steeds verbolgen.

'Bij Trafalgar Square?'

Idjaaz bromde iets. 'Ben je alleen naar zijn kantoor gegaan?'

Ik kon hem niet verzoenen. Ik bood hem een koekje aan. Ik verwachtte niet van hem dat hij begreep waar ik mee bezig was, maar hij leek gekrenkt dat er een andere man in mijn leven was gekomen. 'Hoe gaat het met Mary-Beth?' vroeg ik.

'Ze heeft een of andere nierziekte.'

Ik schrok. 'Is het ernstig?'

Hij hief zijn schouders; niet dat hij ze ophaalde, hij rolde er eerder mee, alsof hij verlichting zocht voor een oude pijn. 'Ze moet terug naar Amerika voor de behandeling. Het is niet erg. Ik wilde toch al van haar af.'

Ik keek weg. Dit kwam als een volslagen verrassing.

'Wat erg dat jullie ongelukkig zijn.'

'Ik snap echt niet wat er met haar is,' zei hij korzelig. 'Ze is continu verdrietig en aan het mokken.'

'Weet je, dit is niet de gemakkelijkste plek voor een vrouw om te wonen.'
Maar wist hij dat wel?
Geïrriteerd zei hij: 'Ze wilde een grote auto. Dus kocht ik een grote auto. Wat wil ze nog meer?'
6 december: Idjaaz bleef veel te lang, aldus het dagboek.
De volgende dag was hij er weer. Na de manier waarop hij zich over zijn vrouw had uitgelaten – en mij had vergeleken met die goeie ouwe Patches uit zijn Miami-tijd – had ik niet verwacht hem nog terug te zien. Maar hij had een plannetje uitgebroed en liet zich geen nee zeggen. Ik moest met mijn man komen dineren en zijn familie en zakenvrienden leren kennen. Hij had het hier al over gehad voor mijn vakantie, en ik wist dat hij er zijn zinnen op had gezet. Ik wilde iets voor hem doen als ik kon; in de ogen van zijn clientèle zou hij meer een man van de wereld zijn als hij een internationaal gezelschap bijeen kon brengen, als hij – laten we er geen doekjes om winden – voor de dag kon komen met een paar blanke vrienden. Nu was de tijd daar. Zijn schoonzus was al volop aan het koken, vertelde hij. Ik wilde haar ontmoeten; ik bewonderde deze diaspora-Aziaten om hun kosmopolitische ondernemingszin, om de manier waarop ze weerstand het hoofd boden, en ik was benieuwd of ze meer westers of ooster was, of wat ik me bij haar moest voorstellen. 'We moeten het vervoer regelen,' zei Idjaaz. 'Ik kom donderdag, wanneer je man thuis is. Vier uur. Dan wijs ik hem de weg.'
Ik knikte. Weinig zin om een plattegrondje te tekenen. Misschien verlegden ze de straten weer. Het bezoek die achtste december was geen succes. Idjaaz kwam te laat, maar leek zich er niet van bewust. Mijn man groette hem kort en nam vastberaden plaats in zijn leunstoel (de ene die een poging tot

levitatie had gedaan). Met zijn kritische zwijgen leek hij klaar om elke gekkigheid de kop in te drukken, van meubilair, gasten, of uit welke hoek dan ook. Idjaaz, op het puntje van zijn stoel, kruimelde baklava over zijn schoot, hanneste met zijn vork, rinkelde met zijn koffiekop. Na ons dinertje, zei hij, de volgende dag al bijna, vloog hij voor zaken naar Amerika. 'Ik ga via Londen. Gewoon voor vakantie. Gewoon om te ontspannen, drie, vier dagen.'

Mijn man moet zichzelf hebben opgepord om te vragen of hij er vrienden had.

'Een heel oude vriend,' zei Idjaaz, terwijl hij kruimels van zijn schoot op de vloer veegde. 'Woont aan Trafalgar Square. Een goede buurt. Kennen jullie het daar?'

De moed zonk me in de schoenen. Het was een fysieke gewaarwording: de druk van maanden, maanden waarin ik amper daglicht had gezien. Toen Idjaaz wegging – en hij bleef maar dralen op de drempel met betere, gerichtere routebeschrijvingen – wist ik niet wat ik moest zeggen, dus ik trok me terug in de badkamer, schopte de kakkerlakken uit de douchebak en hield me lafhartig op onder de lauwwarme waterstraal. In een handdoek gewikkeld ging ik in het donker op bed liggen.

Ik kon mijn man – ik hoopte tenminste dat hij het was en niet de leunstoel – horen rondlopen in de zitkamer. Af en toe had ik in die tijd het gevoel dat ik in mijn eigen schedel keek. Ik kon mijn hersenhelften zien. Ze lagen in kronkels en hadden de kleur van klei. Het appartement in de haven was doortrokken van kookluchtjes en stond bomvol meubels. Foto's op elk oppervlak, tapijten over tapijten. Het was een warme avond en de airco's zwoegden en gierden, spuugden water uit en hoestten longen vol schimmelsporen op. Het tafellinnen was flodderig en omzoomd met zware franje. Ik kon er niet van afblijven; het voelde als een nylon vacht onder mijn vingers, als de oren van een teddybeer; de aanraking bood troost, al bleef ik strak staan van spanning. Een reusachtige homp ouderlijk gezag zat de maaltijd voor, een vrouw met lange, hoorbaar kauwende kaken, net Quinten Matsijs' Groteske oude vrouw, maar dan in een met pailletten bezaaide sari. De schoonzus was een schrandere, kribbige vrouw die alles wat ze zei een sarcastische klank gaf. Ik kon begrijpen waarom; uit haar manier van kijken bleek overduidelijk dat Idjaaz het over me had gehad en me in een bepaald licht had gesteld; als hij zich mij als zijn volgende vrouw voorstelde, dan heette dat nauwelijks een verbetering ten opzichte van zijn huidige. Haar geringschatting bereikte een toppunt toen ze zag dat ik het eten aan weerskanten van me amper aanraakte. Ik bleef glimlachen en knikken, protesteren en passen, nibbelen aan wat peterselie en nippen van mijn Fanta. Ik wilde wel eten, maar ze had me evengoed stenen kunnen presenteren op een kanten kleedje. Dacht Idjaaz soms, net als de Saoedi's, dat westerse huwelijken niets voorstelden? Dat ze in een opwelling werden gesloten en verbroken? Dacht hij dat mijn man mij al even graag kwijt wilde als hij Mary-Beth? Vanuit zijn gezichtspunt verliep de avond niet best. Hij had twee supermarktmanagers verwacht, zei hij, belangrijke mannen met geld. Nu het avondgebed voorbij was, kwam het verkeer weer in beweging; over heel Palestine Road en de Corniche sprongen de verkeerslichten op groen; de stad zoemde van Thumb Street tot de Pepsi-fly-over, maar waar bleven ze? Zweet drupte langs zijn gezicht. Vingers priemden naar de knoppen van de telefoon. 'Oké, hij is verlaat? Hij is wel al vertrokken? Hij komt er nu aan?' Hij smeet de hoorn op de haak en keek vervolgens naar het toestel alsof hij het in gedachten beval als een brave hond terug te blaffen. 'Tijd heeft hier niets te betekenen,' zei hij met een geforceerde lach en een vinger achter zijn boord.

De schoonzus schokschouderde en trok haar mondhoeken neer. Ze zat geen moment, maar schreed in perzikkleurig chiffon tussen kamer en keuken op en neer, en kwam telkens weer terug met een overvolle schaal. Waarschijnlijk stond buiten ons blikveld een keukenhulpje tranen met tuiten te huilen boven de afwas. Het zwijgzame ouderlijk gezag stouwde een groot deel van het eten weg; ze trok de schalen naar zich toe en werkte ze methodisch af tot het sierpatroon zich onder haar tastende vingers aftekende; je wendde je blik af en wanneer je weer keek, was de schaal schoon leeg. Af en toe rinkelde de telefoon: 'Oké, ze zijn er bijna,' riep Idjaaz.

Tien minuten later, en zijn frons was terug. 'Misschien zijn ze verdwaald.'

'Tuurlijk zijn ze verdwaald,' zong de schoonzus. Ze gniffelde; ze had het uitstekend naar haar zin.

Les Negentien, vertaal deze zinnen: Zolang hij de plattegrond ondersteboven houdt, zal hij het adres nooit vinden. Ze zijn vanochtend al vertrokken, maar nog steeds niet aangekomen. Het leek een hopeloze zaak, proberen ergens te komen, en het leerboek gaf het toe. Niet dat ik echt Arabisch leerde, natuurlijk, ik was veel te ongeduldig; ik bladerde de lessen door, op zoek naar zinnen die van pas konden komen. We bleven tot laat, heel laat op de avond wachten op de mannen die nooit van plan waren geweest om te komen. Uiteindelijk liep Idjaaz, gekwetst en mokkend, met ons mee naar de deur. Ik hoorde mijn man diep de klamme buitenlucht inademen. 'We hoeven dit nooit meer te doen,' troostte ik hem. In de

auto: 'Je moet wel medelijden met hem hebben,' zei ik. Geen antwoord.
13 december: volgens mijn dagboek ben ik bedrukt door het donker, de strijk en de rioollucht. Ik kon mijn Eroïca-bandje niet meer afspelen; het was verstrikt geraakt in de ingewanden van de cassettespeler. In mijn ledige momenten had ik voor mijn bovenbuurvrouw veertig hoofdstukken van Oliver Twist samengevat. Drie dagen later was ik vreselijk labiel en rusteloos en las ik de Lyttelton/Hart-Davis Letters. Later die week kookte ik een maaltijd samen met mijn buurvrouw Yasmin. Ik registreerde een middag vol grijzige pijn. Maar Idjaaz was in het buitenland en ik realiseerde me dat ik vrijer ademhaalde wanneer ik niet steeds het geluid van de deurbel verwachtte.
16 december: ik las The Philosopher's Pupil en bracht een bezoek aan mijn eigen pupil boven. Moenira nam mijn samenvatting van de veertig hoofdstukken aan, wierp er een blik op, geeuwde en zette de tv aan. 'Wat is een werkhuis?' Ik probeerde de Engelse Armenwet uit te leggen, maar haar blik werd glazig; ze had nog nooit van armoede gehoord. Ze riep (oorverdovend hard) om haar bediende, en het meisje (een onderworpen Indonesische) bracht voor mijn vermaak Moenira's dochter binnen. Het kind, zwaar, ernstig, net op eigen kracht aan het lopen, stampte rond en maaide met haar handen naar houvast aan de meubels. Ze viel met een grom op haar bips en hees zich aan de bank overeind. De kussens gleden weg en ze tuimelde achterover, sloeg met haar grote hoofd vol pijpenkrullen tegen de vloer en bleef huilend liggen. Moenira lachte haar uit: 'Net een blanke neger, hè?' Ze had die platte neus niet van haar kant van de familie, legde ze uit. Of die dikke lippen. Die komen van mijn mans kant, maar daar geven ze mij natuurlijk de schuld van.

2 januari 1984: we gingen naar een klein, donker restaurant in een zijstraat van Khalid bin Wahlid Street, waar we een tafel toegewezen kregen in het 'familiegedeelte' van de zaal, achter een opengewerkt houten scherm. In het centrale gedeelte dineerden mannen met elkaar. Uit eten gaan was meer een gebaar dan een plezier: je ging in galop de maaltijd door omdat er zonder de wijn en de rituelen eromheen niets was om het moment te vertragen. De kelners, die er geen benul van hadden dat een man en een vrouw weleens meer redenen konden hebben om samen te eten dan alleen voedselinname, legden er bovendien eer in om je bord mee te nemen en het volgende neer te zetten zodra je maar even achteroverleunde, je kortom zo snel mogelijk de deur weer uit te werken. Terug in die eeuwige stoffige heloranje gloed als de belichting in een slechte sciencefictionfilm; in het constante grauwen en razen van het verkeer. Ik was bang geworden voor de vaak voorkomende verkeersongevallen, en elke keer dat we 's avonds op weg waren zag ik de gapende diepten onder bruggen en fly-overs, net amfitheaters waarin verkeersslachtoffers flikkerend hun laatste momenten opvoerden. Soms begon ik, wanneer ik een voet buiten het appartement zette, te beven. Ik weet het aan de medicijnen die ik nam; de dosis was weer verhoogd. Wanneer ik de andere echtgenotes ontmoette leken zij die problemen niet te hebben. Ze praatten over opblaasbare zwembadjes en hun vorige leven in Hongkong. Ze organiseerden uitstapjes naar de soek om sieraden te kopen; armbanden gleden tinkelend en klingelend over hun magere gebruinde armen als ijsblokjes die tegen elkaar aan stootten. Op Valentijnsdag gingen we naar een kaasfeestje (de wijn moest je erbij denken). Ik borrelde over van geluk: er was een brief gekomen uit William IV Street met

het bericht dat mijn roman was verkocht. De baas van mijn man torende boven me uit met zijn aan een cocktailprikker gespietste edammer:
'Je man vertelde dat je een boek laat uitgeven. Dat zal hem wel een lieve duit kosten.'
Idjaaz was nog steeds in Amerika, nam ik aan.
Tenslotte moest hij orde op zaken stellen, ook in zijn huwelijk. Hij verschijnt pas weer in het dagboek op 17 maart, St. Patrick's Day, toen ik schreef: Ontzettend onwelkom telefoontje. Uit beleefdheid vroeg ik hoe zijn zaken gingen; hij was ontwijkend als altijd. Hij had me iets anders te vertellen:
'Ik ben van Mary-Beth af. Ze is weg.'
'En de kinderen?'
'Salim blijft bij mij. Het meisje doet er niet toe. Ze mag het hebben als ze wil.'
'Idjaaz, sorry, ik moet ophangen. De bel gaat.' Wat een leugen.
'Wie is het?'
Nou ja, dacht hij dat ik dwars door de muur kon kijken? Heel even was ik zo boos dat ik vergat dat er alleen maar een hersenspinsel voor de deur stond. 'Mijn buurvrouw misschien,' zei ik gedwee.
'Tot gauw,' zei Idjaaz.
Die avond besloot ik dat ik er niet meer tegen kon. Ik dacht niet dat ik ook nog maar één kop koffie samen kon verdragen. Ik kon er alleen geen einde aan maken, iets waarvan ik mezelf vrijpleitte met het argument dat deze maatschappij me zo hulpeloos maakte. Ik kon me er niet toe brengen om zelf met Idjaaz te praten. Ik was nog steeds niet bij machte om hem botweg af te wijzen. Maar bij de gedachte aan hem alleen al kromp ik ineen van schaamte, om mijn eigen naïviteit, om de sneue leugens waarmee hij zijn leven anders had afgeschilderd

en om de heikele situatie waarin we blindelings terecht waren gekomen; ik dacht aan de schoonzus met haar perzikkleurige chiffon en opgekrulde lip.

Toen mijn man de volgende dag thuiskwam, verzocht ik hem te gaan zitten en opende een gesprek. Ik vroeg hem om naar Idjaaz te schrijven met het verzoek niet meer langs te komen, omdat ik vreesde dat de buren zijn bezoekjes hadden opgemerkt en mogelijk verkeerde conclusies zouden trekken, wat, zoals hij wist, voor ons allemaal gevaarlijk kon zijn. Mijn man hoorde mijn verhaal aan. Je hoeft geen lange brief te schrijven, smeekte ik, zo snapt hij het wel. Ik hoor dit zelf op te kunnen lossen, maar dat mag ik niet, het ligt niet in mijn macht, of zo lijkt het tenminste. Ik hoorde mijn eigen stem, schril, krassend. Ik deed precies datgene wat ik uit alle macht had geprobeerd te vermijden: ik verborg me achter de mores van deze maatschappij door het probleem dat ik zelf had geschapen op een ander af te schuiven, door mijn toevlucht te nemen tot een manier die vrouwelijk, zwak en hatelijk was. Dat zag mijn man allemaal. Niet dat hij er iets over zei. Hij stond op, nam zijn douche. Hij lag in het gierende donker in de slaapkamer, waar de houten luiken de geringste middagzon buitensloten. Ik ging naast hem liggen. De oproep tot het avondgebed haalde me uit mijn hazenslaapje. Mijn man was al opgestaan om de brief te schrijven. Ik herinnerde me de klik van het slot toen hij hem in zijn aktetas deed.

Ik heb hem nooit gevraagd wat hij precies in de brief had gezet, maar wat het ook was, het werkte. Er kwam niets meer: geen gekuist briefje onder de deur, geen spijtig telefoontje. Gewoon stilte. Het dagboek gaat verder, maar Idjaaz verdwijnt eruit. Ik las Zuckerman Unbound, The Past & The Present en The Bottle Factory Outing. De postbus van het bedrijf waar mijn man werkte raakte zoek, compleet met alle ingekomen post. Je zou denken dat een postbus vastzat en niet uit zichzelf aan de wandel ging, maar hij werd pas vele dagen later teruggevonden, bij een ver weg gelegen postkantoor. Als meubels zichzelf kunnen verplaatsen, kan een postbus het ook, veronderstel ik. We gingen gestaag af op ons volgende verlof. Op 10 mei waren we op een afscheidsfeestje voor iemand die dankzij de afloop van zijn contract was ontsnapt. Gevallen bij het dansen, enkel verstuikt. 11 mei: Met enkel in het verband naar The Texas Chainsaw Massacre gekeken. Ik had nog een hele poos uit te zitten in Djedda. Pas in de lente van 1986 vertrok ik er definitief. Tegen die tijd waren we nog twee keer verhuisd, eerst in de stad en uiteindelijk erbuiten, naar een compound vlak bij de snelweg. Ik heb nooit meer iets vernomen van mijn bezoeker. De vrouw die in de flat op de hoek van Al-Suror Street gevangen heeft gezeten, lijkt een vreemdelinge, en ik ga bij mezelf na wat ze had moeten doen, hoe ze het beter had kunnen doen. Ze had die medicijnen weg moeten gooien, dat ten eerste; tegenwoordig gelden ze als laatste toevlucht omdat iedereen weet dat je er angstig, doof en misselijk van wordt. Maar met betrekking tot Idjaaz? Ze had sowieso nooit open moeten doen. Voorzichtigheid is de moeder van de porseleinkast; dat heeft ze zelf ook altijd gezegd. Zelfs na al die tijd is het moeilijk te bepalen wat er precies is gebeurd. Ik probeer het neer te schrijven zoals het zich voordeed, maar ik merk dat ik de namen al verander om de schuldigen buiten schot te houden. Ik vraag me af of ik door Djedda voorgoed van de wijs ben geraakt, uit het lood geslagen en gedoemd het leven scheef te bezien. Ik kan er nooit zeker van zijn dat deuren dicht en netjes aan hun scharnieren blijven hangen, en evenmin weet ik, wanneer ik ’s avonds de lichten uitdoe, of het huis zich achter mijn rug stil zal houden of dat het meubilair in het donker aan de rol gaat.

Hilary Mantel
uit: De moord op Margareth Thatcher, Uitgeverij Atlas Contact

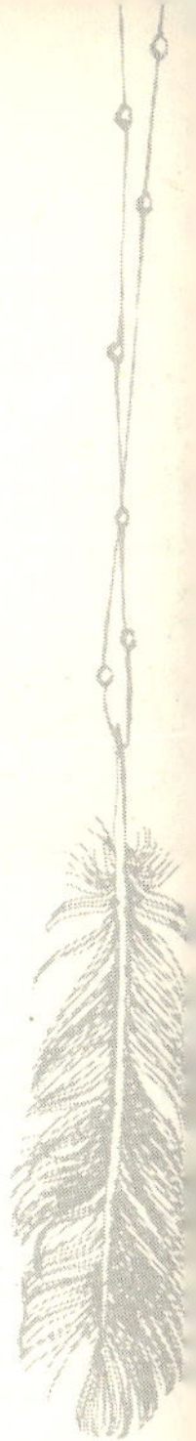

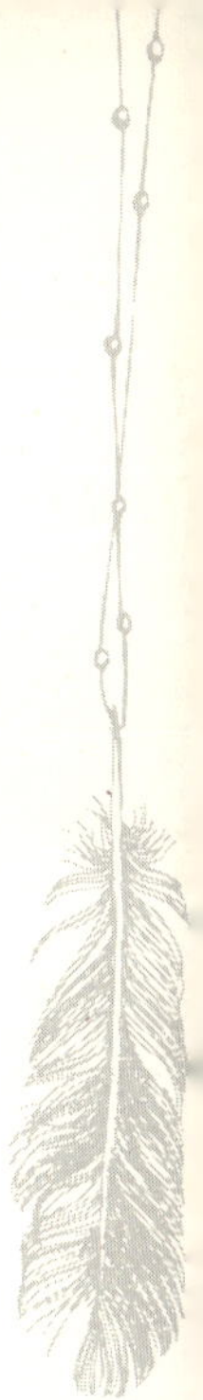

# Er ging een gerucht...

**TOON TELLEGEN**

ER GING EEN GERUCHT DOOR HET BOS DAT DE KIKKER DE maan had opgegeten. In de eerste plaats was er al zeven nachten lang geen maan te zien geweest en in de tweede plaats was de kikker dikker dan ooit.

Het was 's nachts aardedonker in het bos en wie buiten liep kon er zeker van zijn dat hij om de stap struikelde, ergens tegenaan botste, ergens in viel, een verkeerde kant op liep en niet aankwam waar hij zijn moest.

Met name het everzwijn had het hard te verduren. Hij was vrijwel altijd hongerig zodat hij geen verjaardag, van wie dan ook, oversloeg en dus elke avond op pad moest. Nu was hij al zeven nachten lang vergeefs op weg geweest. De mier, de tor, de lijster, de giraffe, de snoek, de egel en de mug hadden hem op hun verjaardagen gemist.

Op de ochtend van de achtste dag stond hij bij zonsopgang op de open plek in het bos en brulde: 'Waar is de maan? Ik wil de maan! Ik eis de maan! Help me toch! Breng toch de maan terug! Houd de dief! Ik heb honger! Help!'

Zo ging het tot de middag door totdat de dieren die in de buurt van de open plek woonden er moe van waren en een eikenblad voor zijn mond bonden. Hij bleef wel knorren, maar dat stoorde niemand meer. Laat in de middag ging hij naar huis. De eekhoorn zag hem mistroostig, zacht knorrend, op een drafje, naar zijn huis toe lopen. Hij had met hem te doen en zei tegen de merel: 'Dat is niet goed. De maan móét vanavond terug zijn. Anders wordt het bos te klein, ben ik bang.'

De merel was het met hem eens en zei het tegen de nachtegaal, die er een liedje over maakte en dat voorzong aan het hert, terwijl het hert het in het oor achter de linkervoorpoot van de spin fluisterde. En de spin schreef het met grote draden tussen de kastanje en de eik: de maan móét vanavond terug zijn.
En of de kikker hem nu wel of niet had opgegeten of dat iemand anders er misschien meer van wist, hoe het ook zij: toen de zon die avond goed en wel onder was verscheen heel dun, heel bleek en beverig, boven de oever van het meer, waar, toeval of niet, de kikker woonde, eindelijk de maan. Er ging een zucht van verlichting door het bos, terwijl de beer, met gefronste wenkbrauwen, toezag hoe de eerste gast op zijn verjaardag, luid knorrend, met enkele goed gerichte happen alle drie zijn honingtaarten verorberde, zelfs nog vóór hij de jarige had gefeliciteerd.

Toon Tellegen
uit: Misschien wisten zij alles, Uitgeverij Querido

# Ik heb lief gehad

SUSAN SMIT

Ik had niet gedacht dat er op mijn leeftijd nog componisten zouden zijn van wie ik nooit iets heb gespeeld, maar dit is er een. Phillip Rösentahler, een wat obscure componist uit Leipzig. Het stuk dat ik van hem heb gevonden is een lastige om in te studeren, dat wel. De partituur heeft een notenbeeld dat zich alleen met geduld en doortastendheid aan je overlevert. Aan die kwaliteiten heb ik geen gebrek, durf ik te zeggen. En tijd heb ik tegenwoordig ook genoeg.

De eenzaamheid van het studeren is me lief. Zodra ik mijn viool onder de kin klem beland ik in een verrukkelijk vacuüm van afgezonderde concentratie. Dat vacuüm vult zich langzaam met gedachten en gevoelens die zijn aangejaagd door de muziek. Door te musiceren sublimeer je je kleinzielige besognes, zeg ik altijd graag, je verheft ze tot niets minder dan kunst. Zodra je je vingers op het instrument plaatst, je oren spitst en de melodie, frasering en dynamiek van het muziekstuk in je motoriek opneemt, ben je ontvankelijk voor sentimenten. Muziek zal alles bij je los trillen.

Sommige muzikanten willen eerst de techniek van een stuk perfectioneren voor ze hun gevoel erin leggen. Onmogelijk! En bespottelijk! Als je de eerste knoop van je jas in het verkeerde knoopsgat duwt, komt het niet meer goed. Je zult je jas helemaal open moeten knopen en opnieuw moeten beginnen. Als ik mijn studenten wezenloos hoor repeteren, word ik ziedend. Ik trek, ik schud, ik geef rake klappen als het moet, desnoods tot ze mijn studeerkamer snikkend verlaten, als er daarna maar iets van gevoel in hun noten te horen is. Voor een perfecte,

zielloze vertolking geef ik geen cent. Je kunt als muzikant alleen maar gevoel suggereren als je slechts de intentie van de componist volgt – een wanstaltig tweedehands gevoel, als je het mij vraagt. Als uitvoerend kunstenaar moet je interpreteren. Meescheppen. Mijn vingers zijn wat minder rap en elastisch dan vroeger, jazeker. Virtuoos is mijn spel niet meer te noemen. In mijn hoofd volgen de noten elkaar nog altijd op zoals ik wil, maar mijn vingers gehoorzamen niet meer. Een paar keer stond ik op het punt mijn vioolkist naar zolder te verbannen. Niet gedaan. Nu laat ik de muziekstukken die te veel van me eisen vallen. Zodra mijn eigen spel pijn doet aan mijn oren schrap ik het stuk rigoureus van mijn repertoire. Het is alsof de vioolkist elke keer een trede hoger de zoldertrap op gaat.
Dit muziekstuk vraagt om een zachte en trage uitvoering, om temerig spelen, dat had ik meteen in de gaten. Aan het einde van het stuk wordt de toonafstand steeds groter zonder dat het slaperig hoort te klinken. De boel vitaal houden, dat is de uitdaging, de noten met elkaar blijven verbinden.
Mijn repertoire nu eens niet inperken maar uitbreiden geeft me een overwinningsroes. Het is de euforie van de grijsaard die denkt de ouderdom te snel af te zijn. Ha!

Ik moet altijd hebben geweten dat ik alleen zou eindigen. Mijn jeugdvriendinnen waren doortrokken van het lichtzinnige geloof dat de liefde, met als ultieme vorm het huwelijk, hen zou vrijmaken. Ze dachten dat het echte leven dan zou beginnen. Ik heb altijd het omgekeerde geloofd: je bent vrij en neemt volop deel aan het leven totdat je trouwt. Dat wachten op een wonder dat zich zou moeten openbaren in een man; ik heb daar nooit aan meegedaan.

De een na de ander liet een ring aan haar vinger schuiven en zag haar torenhoge verwachtingen in elkaar donderen als de blokkentorens die hun peuters onder luid gegil omver duwden. Ik heb het zien gebeuren; de eerste teleurstellingen, de kinderen die alles opslokken, de aandacht die verslapt, de andere vrouwen, de verwijten, de verwijdering, de berusting of de breuk.

Ik heb me beperkt tot het leukste gedeelte van een huwelijk: de verloving. Een aanzienlijk deel van mijn leven ben ik verloofd geweest. De eerste keren nog met halfbakken vertrouwen, waarna ik er toch maar van af zag. Later verloofde ik me met voorbedachten rade. Of laat ik zeggen: verzoend met het idee dat het weleens niet zou kunnen uitmonden in een huwelijk. Dat is niet fraai. Tegenover mijn verloofdes, bedoel ik. Meestal had ik me liever helemaal niet verloofd, maar in mijn tijd kon je niet lang met een jongenman blijven omgaan zonder dat er een bruiloft gepland diende te worden. Hen weigeren betekende ook meteen het einde van de liaison. Dus accepteerde ik het aanzoek en maakte ik het op een goed moment uit waarna we allebei, na het tonen van gepast verdriet, weer verder konden.

Die goeie jongens zelf deden hun aanzoeken ook maar omdat ze dachten dat het zo hoorde, kreeg ik de indruk. Een van hen, kom, hoe heet hij ook alweer, presteerde het om drie weken nadat ik hem de bons gaf met een nieuwe verloofde aan zijn arm te verschijnen. Ik heb me altijd afgevraagd of de ring aan haar vinger dezelfde was als die hij mij wilde aanbieden.

Nu ben ik alweer jaren alleen – wat zeg ik, decennia. Op mijn leeftijd wordt dan aangenomen dat je weduwe bent en meestal laat ik mensen in die waan. Ik heb me in mijn leven als ongetrouwde vrouw al te veel kritiek en medelijden moeten laten welgevallen.

Over geen relatie hebben wordt zo krampachtig gedaan.

Heremijntijd, alsof je onmogelijk gelukkig kunt zijn zonder levensgezel. De mensen die zich daar het meest geschokt over tonen zijn juist de mensen die langzaam aan hun slechte huwelijk ten onder gaan, maar er toch aan vasthouden. Ze vrezen dat ze niet kunnen wandelen zonder een hand om vast te houden of niet kunnen slapen zonder een rug om tegenaan te schurken. Armzalig vind ik het.

Op mijn leeftijd resten mij alleen nog de ouwe kerels – waar je dan uiteindelijk voor moet gaan zorgen, dat kan niet anders. En zustertje spelen is niets voor mij.

Liefde drijft de één tot krankzinnigheid en de ander tot geluk. Ik vrees dat de goede God mij tot de eerste categorie heeft geschapen. Gewone, dagelijkse liefde waarderen is een kunst die ik niet beheers. Verwachtingen temperen, onvermijdelijke teleurstellingen incasseren en toch liefhebben… Hoe is het mogelijk dat iemand dat kan? De vijanden van jonge liefde – de jaloezie, de waanzin – bevecht ik met verve, maar met die van rijpe liefde – de beklemming, de verveling, de sleur – weet ik me geen raad.

Kennelijk verkies ik de storm boven de haven.

Wonderlijk hoe een muziekstuk zich aan je kan openbaren. Nu zit ik nog te turen naar noten en aanwijzingen die me nauwelijks iets zeggen, maar weldra zal de chaos wijken voor orde en samenhang.

Je moet er eindeloos naar willen koekeloeren, daar komt het op neer. Niets is simpelweg. Het wordt pas iets als wij ernaar kijken. Noten zijn slechts noten, tot we er aandacht aan besteden. Als ze worden uitgedacht, doorvoeld, eigen gemaakt

en gespeeld, steeds opnieuw, dan krijgen ze betekenis.
De meeste muzikanten hebben dit turen, dit uitvogelen, dit worstelen, het liefst zo snel mogelijk achter de rug, maar ik heb er geen hekel meer aan. De huiver om er niet uit te komen is met de jaren verdwenen. Het is een kwestie van volhouden, weet ik. Het heeft zelfs wel iets opwindends; een compositie die haar geheimen na lang tegenwerken aan je blootgeeft. Hoe het zich ontvouwt tot iets heel anders dan de eerste indruk je gaf; dat is toch een beetje zoals de eerste weken met een nieuw liefje.

Achtenzeventig ben ik en niet het type vrouw dat daar over liegt. De achteruitgang is niet meer weg te poetsen. Ik inventariseer het verval niet meer zo grondig als toen ik dertig was, maar als je het weten wilt: ik heb nog altijd goede benen. Ook mijn handen kunnen nog doorgaan voor die van een vijftigjarige, maar mijn borsten lijken die van een vreemde en mijn billen heb al tien jaar niet meer bekeken. Het lichaam vaart haar eigen koers. Zuidwaarts, welteverstaan.
Make-up aanbrengen heeft tegenwoordig wel iets weg van een schilderij restaureren. Dat doe ik graag, trouwens. Opmaken. Ik trek met een kwastje een pietepeuterig lijntje boven mijn wimpers, zet deze aan met mascara, creëer wenkbrauwen met een potlood en veeg wat abrikooskleurig poeder op mijn wangen. Vooral dat laatste doet wonderen.
Mooi ben ik nooit echt geweest, althans niet op een gangbare manier. Dat scheelt, dan is het verlies – of moet ik zeggen verraad – minder ingrijpend. Maar ondanks mijn gebrek aan schoonheid werd ik wel door de mensen opgemerkt. Eerst luisterden ze naar mijn spel en daarna keken ze – zich verbazend dat ik hen niet eerder was opgevallen. Ik wist dat.

Ik wachtte erop. Ik stelde tevreden vast hoe zich een lichte interesse in hun blik vormde, hoe ze zich openstelden, en geraakt werden.

Ik speelde nooit om in de smaak te vallen. Om de duvel niet. Je kunt me veel toedichten, maar behaagzucht hoort daar niet bij. Mensen denken dat je een podium beklimt om je op je voordeligst te presenteren. Voor mij is het tegendeel waar. Juist op het podium werd me niet gevraagd me aan te passen, in bochten te wringen, compromissen te sluiten. Daar kon ik onverstoorbaar mezelf zijn; evenzeer lieflijk als onstuimig of zelfs driftig als de muziek daarom vroeg. En niemand die er bezwaar tegen maakte.

Mijn fiere houding deed de rest. Een mooie vrouw met voorovergebogen schoudertjes verliest haar aantrekkingskracht. Ik stond en sta kaarsrecht. Vandaag de dag steken de jongedames een kop boven me uit, maar in mijn tijd was ik langer dan al mijn vriendinnen en niet zelden ook de mannen. Als ik mijn hoofd boog of mijn rug kromde gaf mijn moeder een venijnig corrigerend rukje aan mijn schouders. Zo heeft ze mij al vroeg afgeleerd om me kleiner te maken dan ik ben, in elke zin van het woord.

Pas veel later ontdekte ik de zegen om klein te mogen zijn. Bij hem kon dat. Het voelde als genade. Bij hem kon ik… schuilen. Zeg ík dat? Ja. Zo was het.

Die ene, die was er. Een man die zich in het geheugen niet laat vermalen met alle anderen.

Wie wat zei, wat deed en waar dat allemaal gebeurde is in mijn herinnering niet zo helder meer. Geliefden stappen in de voetsporen van hun voorgangers, pakken de wijsjes op die door hun voorgangers zijn bedacht, ruimen het veld en zakken weg in vergetelheid. Met het klimmen der jaren besef je dat al die vroege liefdes niet zo diep gingen. Je had ze kunnen mislopen en je was er niet wezenlijk anders door geweest. Maar zijn zinnen weerklinken nog altijd in mijn hoofd. En dat schuine lachje van hem kan ik nog altijd uittekenen.

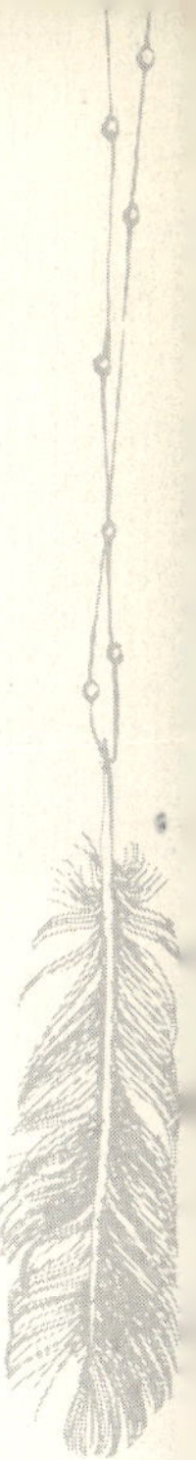

Wat wist ik nou helemaal van het leven? Ik dacht dat ik wist wat er te koop was, dat wel. Toen ik hem ontmoette trad ik al op en had een enkele keer gesoleerd. Ik voelde me een vrouw van de wereld, een artieste. Iemand die zich niet gemakkelijk in verwarring laat brengen. Dat heb ik geweten.
Aan het begin van een nieuw seizoen trad Julian als cellist toe tot het orkest. Toen hij me de hand schudde, keek ik in licht spottende ogen. Ik dacht eerst dat hij met me flirtte, maar zijn blik bleef de hele tijd onveranderd. Alsof hij de wereld zoals deze hem werd gepresenteerd niet helemaal serieus nam. Hij had iets toverachtigs. Iets ongrijpbaars.
Ik bleef die ochtend naar hem loeren en stelde vast dat de ironie alleen verdampte als hij de strijkstok ter hand nam. Als hij musiceerde stond zijn gezicht ernstig – een beetje plechtig, zelfs. Ik kon geen enkele distantie in zijn houding ontdekken, enkel ingespannen toewijding. Mij vertelde het dat hij niemand diende, behalve de muziek. En dat beviel me.
Er stond Bach op het programma. Dat is een zekere reden voor onenigheid, daar kun je gif op innemen. Er zijn zoveel manieren om Bach te spelen en er zijn zoveel meningen over hoe je dat zou moeten doen. En hommeles kregen we. De dirigent, God hebbe zijn ziel, had een stijlopvatting waar veel orkestleden zich niet in konden vinden. Na de repetities vertrokken we naar het café waar we verhitte gesprekken voerden over de manier waarop we vibrato moesten gebruiken, dienden te fraseren en articuleren. Ook ik wilde

inhouden waar mij juist gevraagd werd de akkoorden steviger aan te zetten.

Terwijl de gemoederen opliepen grijnsde Julian alleen maar, wat me ergerde.

'En wat vind jij er nou van?' vroeg ik hem om hem uit de tent te lokken.

Zijn glimlach werd breder toen hij me recht aankeek.

'Ik vind het nutteloos om over de aanpak van de dirigent te emmeren,' zei hij. 'Die man bepaalt nu eenmaal waar het heen moet. We kunnen toch moeilijk allemaal iets anders gaan zitten doen. Naar eigen goeddunken.' Hij grinnikte. 'Dat zal een mooie kakofonie worden.'

'Dus jij doet lijdzaam wat er maar van je gevraagd wordt?' vroeg ik op hoge toon.

'Zo lijkt het, ja.'

Ik trok vragend een wenkbrauw op.

'Maar daarbinnen is nog genoeg mogelijk.' Hij pakte zijn colbertjasje, slingerde hem met een zwierig gebaar over zijn schouder en stond op. Na een kort knikje liep hij het café uit.

Wat Julian met die opmerking bedoelde werd me in de weken die volgden duidelijk. Binnen het stramien van wat hem werd opgelegd door het orkest zocht en vond hij zijn eigenheid. Hij paste zich afwisselend aan en bekende kleur, hij liet zich zien en ging op in het geheel, tot niet meer duidelijk was waar het ene ophield en het andere begon en alles vloeiend in elkaar overliep. Altijd klonken zijn tonen harmonisch en oprecht. Mensen kinderen, wat benijdde ik hem.

Ikzelf bevond me nog in een tweestrijd. Deel uitmaken van een orkest is als deel uitmaken van een gezin. Er is altijd spanning tussen het 'ik' en het 'wij'. Ik wist nog niet wanneer ik moest strijden en wanneer ik me gewonnen moest geven.

De momenten voorafgaand aan een concert, in afwachting van de dirigent, zijn een onhandig niemandsland. Je loopt naar je plek, gaat zitten, stemt je instrument, verschikt je kleding, probeert het geroezemoes en de blikken uit de zaal te negeren en bidt dat die man in godsnaam snel opkomt.
Op die momenten van gespannen afwachting kruiste Julians blik de mijne en lachte hij me toe. Het was bemoedigend bedoeld. Op andere momenten, tijdens de repetities, betekende zijn glimlach iets heel anders – 'merkwaardige beslissing van de dirigent' of 'dit klonk nergens naar' – maar nu betekende het 'je zult goed spelen, heus'. Zonder woorden weten wat iemand bedoelt – dat had ik nog niet eerder ervaren. Waarschijnlijk ging ik tot dan toe te zeer in mezelf op om er bij een ander naar te willen gissen.
Na het concert was iedereen uitgelaten. Julian kwam bij mijn groepje staan. Ik praatte veel en vlug en hoorde mezelf giechelen. Hij keek naar me, zag ik uit mijn ooghoek, maar ik durfde hem niet aan te kijken. Mijn hart klopte zo uitbundig dat ik vreesde dat mijn gevoelens voor hem dan onmiddellijk duidelijk zouden worden. Toen hij zijn hand om mijn elleboog legde, kon ik me niet langer aan hem onttrekken. Zachtjes leidde hij me weg van het groepje.
'Laten we even een luchtje scheppen,' zei hij.
Ik liep achter hem aan, te verbouwereerd om te protesteren. Hij opende de deuren naar het balkon en stapte naar buiten. Ik volgde hem. Het was onverwacht fris en de lichtjes van de stad strekten zich naar alle kanten uit. Julian leek ineens meer belangstelling te hebben voor het uitzicht dan voor mij en keek voor zich uit. Ik wist me geen houding te geven, dus pakte ik maar een sigaret uit mijn tasje. Kort daarvoor had ik mezelf aangeleerd rook te inhaleren en deze met half geloken

ogen, alsof ik in een film speelde, traag en hoog in de lucht te blazen.

Julian pakte de aansteker uit mijn hand en hield hem brandend voor me. Terwijl ik met de sigaret tussen mijn lippen voorover boog keek ik hem even aan. De ruimte tussen ons, die kleiner was dan ooit, leek elektrisch geladen. Ik vergat te roken als een filmster, blies de rook slordig naar beneden en sloeg mijn ogen weer naar hem op.

Mijn adem stokte toen zijn gezicht langzaam de mijne naderde. Daar was de zachte huid van zijn lippen, daar was de warmte van zijn mond. En daar klonk even later onze lach, een lach van opluchting, ontlading, pure vreugde van het elkaar gevonden hebben.

Ik zie ons nog zitten in de krappe bovenkamer die ik huurde. Ik was bezig een maaltijd te bereiden op het armoedige eenpittertje dat mijn hospita met frisse tegenzin toeliet, hij zat in de fauteuil bij de radio te luisteren naar een strijkconcert. In gedachten had hij zijn cello tussen zijn benen, dat kon ik zien. Toen heb ik gedacht: gelukkiger kan een mens niet zijn.

Het daglicht dat op zijn hand viel en dat het groene fluweel van de armleuning in zich opzoog, zijn vingers die zich af en toe lichtjes ophieven van de leuning, alsof hij de snaren van zijn cello beroerde, dat heb ik me altijd kunnen herinneren. Als ik mijn ogen dichtdoe sta ik daar weer, te roeren in een pan en tersluiks kijkend naar die man.

Dit beeld kan ik minutenlang vasthouden tot het versplintert en versmelt met andere beelden.

We maken de beminde tot hoeder van ons geluk, tot drager van alles wat goed en mooi is, tot heler van onze wonden. Dat moet ergens mis gaan. Het tempo is te laag, potdorie. Het

begint allemaal te gedragen, te droevig te klinken. Het moet wat lichtvoetiger. Als ik nu eens wat meer tonen benadruk, er groepjes van maak, ze als het ware tegen elkaar in laat gaan? Kijk eens aan. En als ik die weifelende maataccenten eens sterker naar voren laat komen?
Het klinkt nergens naar. Het rammelt. Ik geloof het zelf niet. Het hoopvolle is quasihoopvol, het treurige quasitreurig. Mijn vingers willen zich er niet naar voegen. Ik leg er alleen maar dingen in die het verzwakken.
Het is om krankjorum van te worden, maar opgeven doe ik om de drommel niet. Even afstand nemen, dat is nu wijs. Een kop thee drinken.

Weemoed is mij niet vreemd, maar ik heb geen talent voor nostalgie, voor het romantiseren en eindeloos cultiveren van wat geweest is. Toch worden mijn wangen tegenwoordig snel nat, malle ouwe muzikante die ik ben. Ouderdom maakt sentimenteel. Het is niet anders. En er valt op mijn leeftijd nu eenmaal meer terug te kijken dan vooruit, laten we eerlijk zijn. Wat in het verleden ligt is vele malen opwindender dan wat in het verschiet ligt.
Een herinnering is een herinnering aan de laatste keer dat je je iets herinnerde. Om de gebeurtenis zelf zitten lagen geplakt die er niet meer af te pulken zijn. Een herinnering is aan verandering en bederf onderhevig – zeker die aan de lichamelijke liefde.
Je denkt dat elke streling, beet en zucht in je geheugen wordt gegrift. Maar lust beklijft niet. Net als pijn, trouwens. Het geheugen is niet gemaakt om genot of pijn op te slaan. Dat is de taak van het lichaam. Het lichaam onthoudt alles, huivert als het door een aanraking wordt teruggeworpen in de tijd.

Maar dan moet je wel op die manier worden aangeraakt. En dat overkomt mij niet meer.
Ik ben vergeten wat al die mannen voor mij voelden. Ik ben zelfs vergeten wat hij voor me voelde. Maar uiteindelijk is dat niet wat je bijblijft. Wat ik nooit zal vergeten, is wat ik voor hem voelde. Je vermogen tot liefhebben gaat nooit verloren. Dat blijft van jou.

Julian was bezig zijn anker te lichten. Dat kon ik merken. Zijn bezoekjes begonnen verplicht aan te voelen, beloftes kwam hij niet na en hij kon boos uitvallen om een kleinigheid.
Vier maanden nadat hij me voor het eerst kuste, wandelden we naar de matineevoorstelling in het Concertgebouw. Ik had mijn arm door de zijne gehaakt, maar het voelde stijfjes. De wind blies de dorre bladeren voort, ik sjokte een beetje om ze onder mijn voeten vooruit te schoppen. Zijn haar zat anders. Hij droeg een jas die ik niet kende. Hij zag er opvallender uit, mannelijker, met een bedachte charme die het jongensachtige deed verdampen.
Het wandelen maakte ons losser, haalde de spanning uit de lucht. Hij sprak over zijn plannen. In zijn toekomst was geen 'wij' te horen, maar 'ik'. Ik ga ooit naar het buitenland, naar dit of dat orkest. Ik wil wonen in die en die stad. Ik voelde me ontkend en buitengesloten, natuurlijk, maar het was met name de kwade opzet die me kwetste, de boodschap die er zo nadrukkelijk in doorklonk en die hij niet rechtstreeks durfde te brengen. Alsof ik een goede bekende was bij wie het vooral gezellig moest blijven.
C'est le ton qui fait la musique, zeggen ze. Ik geloof niet dat dat waar is. Je kunt op een heel beschaafde manier de meest

vreselijke dingen zeggen. Je kunt ook in klinkklare taal iets zeggen wat er nogal bot uitkomt, maar geen verkeerde bedoelingen hebben. Als ik mag kiezen, heb ik liever het laatste. Beleefdheden kunnen mij gestolen worden. Die vorm van beschaving is een duimdik breed. Mensen die hun heil zoeken in vorm zijn vossen met manieren. Als je ze confronteert met hun boodschap zullen ze hevig verontwaardigd zijn: maar zo hebben ze het niet bedoeld, jij hebt het verkeerd begrepen.

Het probleem is niet dat je ze niet begrijpt. Het probleem is dat je ze heel goed begrijpt. Met mijn oren is niets mis.

Hij excuseerde zich steeds vaker als we hadden afgesproken. Hij voelde zich niet goed, moest studeren, had zich verslapen. Ik vroeg hem recht voor zijn raap of hij niet meer verliefd was, of hij een ander had.

'Er is geen andere vrouw,' zei hij. 'En die zal er ook nooit zijn.'

Een dag later lag er een brief. Mijn hospita – haar naam wil niet bovenkomen, maar ze moet al jaren dood zijn – gaf hem aan me. Ik bleef het openen van die brief uitstellen, want ik vreesde voor wat erin stond. Dit was geen liefdesbrief, dit was een afscheidsbrief.

Toch had ik niet kunnen dromen wat zijn ontboezeming was. Hij was een man die van mannen hield.

Hij was wel degelijk verliefd op me, schreef hij, maar dit was sterker. Sterker ook dan zijn grote wens om genoeg te hebben aan mij, om een leven met me op te bouwen, een gezin te stichten.

Mijn god, dacht ik, hij had met me willen trouwen! Mal is het hoe we onszelf zo lang mogelijk verdriet willen besparen, hoe we niet aan de vreselijke waarheid willen, ook al staat het voor ons uitgespeld.

Toen ik de mokerslag eenmaal accepteerde, kwam deze niet minder hard aan. Hemeltjelief, de ontgoocheling die hij in mij opriep. Het was een andere tijd. Dit kon niet. Dit bestond niet. Niet in het volle licht, althans. Geruchten over getrouwde mannen die de herenliefde aanhingen werden lacherig gefluisterd. 'Halve mannen' werden ze genoemd. Terwijl Julian niets vrouwelijks had.

In zijn brief vergeleek Julian zijn geaardheid met een wolfstoon: een ongewenste schommeling in timbre op de cello. Ook goede cello's kunnen een wolfstoon hebben. De enige manier om die te onderdrukken is het plaatsen van een wolfdemper, een klem op een van de snaren. Hij had lange tijd zo'n klem op zichzelf geplaatst, schreef hij, op het gebied waar zijn verlangen zetelde. Zijn gevoelens voor mij hadden voor het eerst in zijn leven verlichting gebracht, hij had gedacht dat ik hem had genezen, maar hij wilde geen demper meer op zijn leven, wolfstoon of niet.

Ik keek verbluft mijn gemeubileerde kamer rond. Het was dezelfde kamer als voordat ik de brief had gelezen, maar toch was er iets veranderd. De aanblik van de meubelen, het droogboeketje, het gebloemde behang, alles was anders. Mijn pogingen om het gezellig te maken kwamen me plots kinderachtig voor. Het was een armoedige kamer met versleten huisraad, niets meer en niets minder.

Mijn leven zonder Julian was al begonnen.

We hebben het nog een tijdje geprobeerd, samen. Ik overtuigde hem ervan dat ik hem kon delen. Dat het voor mij genoeg was om voor hem in ieder geval de enige vrouw te zijn. Dat ik zijn rookgordijn naar de buitenwereld kon zijn, van hem hield als mijn bondgenoot, mijn levensgezel. Zoals hij was.

Het was geen leugen. Ik meende het. Er zijn mensen die alleen van iemand kunnen houden, of kunnen geloven dat iemand van hen houdt, als ze zich precies hetzelfde gedragen als zij, als ze van dezelfde dingen houden, om dezelfde dingen lachen. Ik ben niet zo'n mens.

Vouloir c'est pouvoir, hield ik vol, waar een wil is, is een weg. Het bleek pure zelfkastijding. Hij wilde zijn dubbelleven laten slagen, maar het voelde voor hem als een leugen. Elke keer als hij zich van mij afkeerde en een man opzocht, ervoer hij dat als een zondeval. Sodomie, berouw, zonde, boete waren de woorden die hij gebruikte.

Uiteindelijk werd hij verliefd natuurlijk. Echt verliefd, bedoel ik, op een man bij wie hij dag en nacht wilde zijn. Voor wie hij de zonde helemaal en volledig wilde begaan. Die hij niet met mij wilde bedriegen. Het is ironisch; je man verliezen aan monogamie. Onthutsend.

Als goede vriend wilde ik hem niet in mijn leven. Daar zou ik aan kapot zijn gegaan. Een mens moet ergens een grens trekken.

Ik heb hem nooit meer gezien.

Inmiddels is hij al tien jaar dood. Hoe oud zou hij nu geweest zijn? Eenentachtig?

Zijn verjaardag vier ik nog altijd, op de negende mei. Met een hapje en een slokje. Het verleden spookt door het heden en dat is maar goed ook.

Bijna iedereen is dood, trouwens. Mijn moeder is er niet meer, mijn broers niet. Mijn vriendinnen niet. Gek genoeg wen je eraan dat mensen je ontvallen. Dat kun je je als jong mens niet voorstellen, maar het is waar. Je kijkt er net zo min van op als dat je opkijkt van het eerste blad dat valt in de herfst.

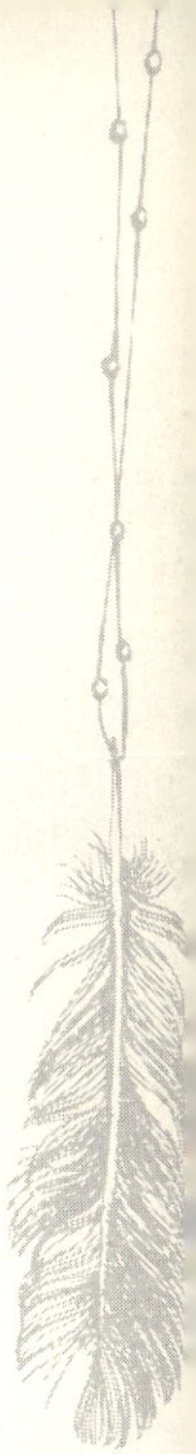

Nu ik ben teruggekeerd naar mijn studeerkamer en opnieuw de notenzee betreed, zie ik ineens wat eraan mankeert.
Ik moet er geen treurzang van maken. Opwaarts moeten die klanken, lang uitgespeeld die noten. Ik zal de strijkstok lichtjes ter hand nemen en vloeiend langs de snaren laten zwieren.

Het leven heeft me niet zacht aangepakt. Wis en waarachtig niet.
Maar ik heb liefgehad.

Susan Smit
uit: Zoals jij bemint, Lebowski Publishers

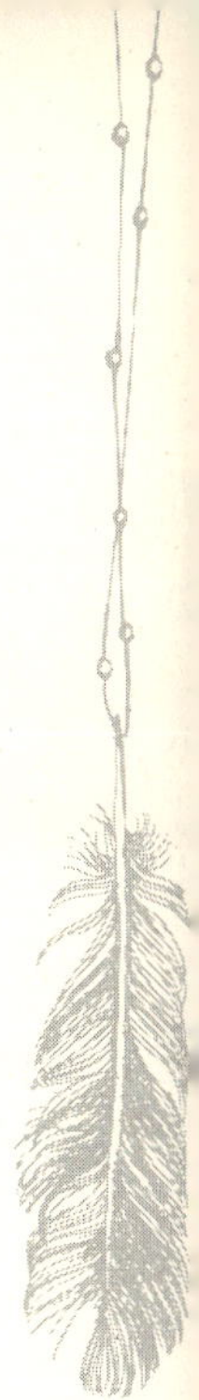

# Het verdriet van de woestijn

**PAULO COELHO**

Een vriend van me komt terug uit Marokko met een mooi verhaal over een missionaris die meteen na aankomst in Marrakech besloot om iedere dag een wandeling te maken door de woestijn aan de rand van de stad. Op zijn eerste wandeling zag hij een man liggen die met zijn hand het zand streelde, zijn oor hield hij tegen de grond.

'Die is gek,' zei de missionaris tegen zichzelf.

Maar de scène herhaalde zich iedere dag, en na een maand besloot hij, geïntrigeerd door dat vreemde gedrag, de rare man aan te spreken. Hij knielde naast hem neer en zei in zijn nog stroeve Arabisch: 'Wat bent u aan het doen?'

'Ik hou de woestijn gezelschap en ik troost haar, want ze is eenzaam en huilt.'

'Ik wist niet dat de woestijn kon huilen.'

'Ze huilt iedere dag, want haar droom is de mensen van dienst te zijn, en te veranderen in een enorme tuin waar ze bloemen kunnen telen, graan verbouwen en schapen houden.'

'Als dat zo is, zeg dan tegen de woestijn dat ze ons juist heel goed van dienst is,' merkte de missionaris op. 'Iedere keer als ik hier loop, besef ik hoe klein de mens in feite is, haar grootse wijdheid doet me beseffen hoe wij tegenover God in het niet verzinken.

Wanneer ik haar zand, al die zandkorrels, zie, stel ik me de miljoenen mensen voor die op deze aarde leven en die allemaal gelijk geschapen zijn, ook al is de wereld niet voor iedereen even rechtvaardig. Haar bergen helpen me bij het

mediteren. Wanneer ik de zon zie opkomen aan haar horizon, voel ik me heel dicht bij de Heer en vult mijn hart zich met vreugde.'
De missionaris liet de man alleen en keerde terug naar huis voor zijn dagelijkse werk. Wat schetste zijn verbazing toen hij de man de volgende ochtend aantrof op dezelfde plek, en in dezelfde houding.
'Heb je de woestijn doorgegeven wat ik je gisteren heb verteld?' vroeg hij.
De man knikte.
'En toch blijft ze maar huilen?'
'Ja, ik hoor haar maar snikken en zuchten. Nu huilt ze omdat ze duizenden jaren heeft gedacht dat ze volstrekt nutteloos was, en al die tijd heeft verdaan met godslastering en het vervloeken van haar lot.'
'Nou, zeg dan tegen haar dat de mens een veel korter leven heeft, en ook veel van zijn levensdagen doorbrengt met denken dat hij nutteloos is. Zelden ontdekt hij de reden van zijn lot, en vaak vindt hij dat God onrechtvaardig tegenover hem is. En als hem uiteindelijk door een of andere gebeurtenis duidelijk wordt waarom hij op aarde is, dan vindt hij het te laat om een ander leven te beginnen, en gaat hij maar door met lijden. En net als de woestijn verwijt hij zich dat hij zoveel tijd heeft verdaan.'
'Ik weet niet of de woestijn wel luisteren zal,' zei de man, 'ze is al zo gewend aan haar verdriet, en het lukt haar niet meer de dingen op een andere manier te zien.'
'Dan doen we nu wat ik altijd doe als ik voel dat mensen geen hoop meer hebben. We gaan bidden.'
De twee knielden en baden; de een keerde zich naar Mekka, omdat hij moslim was, de ander vouwde zijn handen, want hij was katholiek. Ieder bad tot zijn eigen God, die dezelfde God

is, hoewel de mensen maar doorgaan Hem verschillende namen te geven.
De volgende dag toen de missionaris weer zijn ochtendwandeling maakte, was de man er niet meer. Op de plek waar hij altijd het zand had gestreeld, bleek de grond nat te zijn: er was een bron ontstaan. In de maanden die volgden, werd de bron groter en de inwoners van de stad kwamen er voortaan water halen.
De bedoeïenen noemen de plaats 'De put van de tranen der woestijn'. Ze zeggen dat iemand die het water drinkt de oorzaak van zijn verdriet tot de reden van zijn vreugde zal kunnen maken en ten slotte zijn ware bestemming zal vinden.

Paulo Coelho
uit: Als een rivier, Singel Uitgeverijen

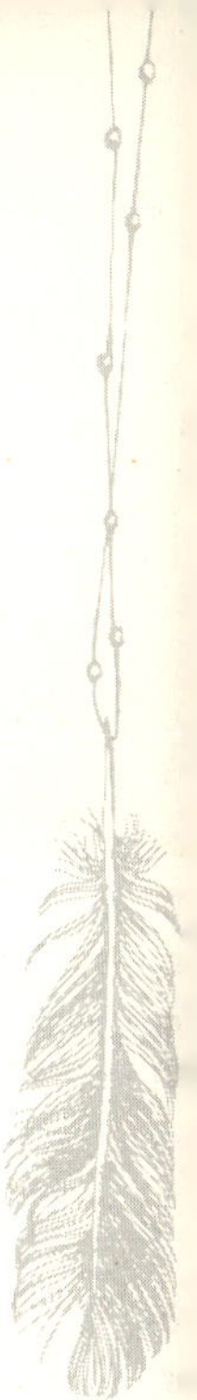

# Op een keer...

## TOON TELLEGEN

OP EEN KEER MISTE DE EEKHOORN DE MIER HEVIG.
HIJ WIST niet waarom, maar hij had dat gevoel tot in het puntje van zijn staart.
Mier, dacht hij. Mier, mier, mier.
De eekhoorn wist dat zulke gedachten niet helpen, maar hij kon ze niet tegenhouden.
Was er maar een hand in de lucht, dacht hij, die je kon gebruiken om iets ver weg te pakken ...
Hij zag die hand voor zich en hij zag ook de mier ergens opgekruld in een holle boomstam liggen.
De hand liep vinger voor vinger tussen de bomen van het bos door, zonder ook maar één blaadje te verroeren. Hij bleef even voor de holle boomstam staan. Toen ging de wijsvinger naar binnen en tikte op de rug van de mier.
‘Hè, wat?’ riep de mier, die blijkbaar had liggen slapen.
De vinger boog zich, strekte zich en boog zich weer voorover in de richting van de uitgang van de boomstam.
Je bedoelt meekomen?’ vroeg de mier.
De vinger knikte.
‘Wie ben jij eigenlijk?’ vroeg de mier, terwijl hij de vinger en even later buiten de hele hand bekeek.
Maar hij kreeg geen antwoord. De hand liep langzaam voor hem uit, tussen de bomen door, vinger voor vinger. Als de mier soms even bleef staan gleed de pink geruisloos naar achteren en gaf hem een duw.
Zo liepen zij door het bos, de hand en de mier.
De zon ging langzaam onder. Overal ruisten de bladeren aan

de bomen en kabbelde het water in de rivier. Toen ze vlak bij de beuk waren schrok de eekhoorn op.
Ach, dacht hij, wat een gedachten heb ik toch. Had je dáár maar een spiegel voor, dan zou ik ze zéker bekijken! Hij zuchtte. Hij miste de mier nog steeds, ook al wist hij nog steeds niet wat missen eigenlijk was. Maar voor hij nog meer had kunnen bedenken hoorde hij een soort geschuifel dat hem bekend voorkwam, en zag hij nog juist een eigenaardige schaduw, die leek op een hoofd met vijf oren, langs de stam van de beuk naar beneden glijden.
'Hoe kom jij hier opeens?' vroeg de eekhoorn.
De mier haalde zijn schouders op.
'Is er nog een tak vrij?' vroeg hij. Hij stapte van de stam op een takje naast de grote tak waarop de eekhoorn zat.
'Ik heb je gemist,' zei de eekhoorn. En zacht voegde hij daaraan toe: 'Je moet me toch eens uitleggen wat dat eigenlijk is: missen.'
'Ja,' zei de mier.

Toon Tellegen
uit: Misschien wisten zij alles, Uitgeverij Querido

PAULO COELHO

## OVERSPEL

Dit is Linda's verhaal.
Ze heeft al het geluk van de wereld.
Juist dat maakt dat ze zich nog ongelukkiger voelt.
Linda verdrinkt in de sleur en voorspelbaarheid van het dagelijks leven en ziet haar ogenschijnlijke geluk als een zware last. Een ontmoeting met een politicus en vroegere geliefde wekt een gevoel bij haar op dat ze lang als verloren had beschouwd: passie. Alles zal ze er voor overhebben die onmogelijke liefde waar te maken, ook als ze daarvoor haar hele hebben en houden op het spel moet zetten.
Provocerend en diepgaand: Overspel gaat over het ontdekken van passie en wat vrijheid echt betekent. Het zet aan het denken en inspireert iedereen die wel eens denkt: is dit het?
*Een grote liefde komt altijd onverwacht*

Paulo Coelho, geboren in 1947 te Rio de Janeiro, is een van de meest gelezen schrijvers ter wereld. Hij verkocht wereldwijd maar liefst 165 miljoen exemplaren in tachtig verschillende talen, waarvan in Nederland ruim 1,8 miljoen. Paulo Coelho is een internationaal fenomeen: hij won 115 prijzen en awards en in 2007 werd hij door de Verenigde Naties benoemd tot Vredesboodschapper.
Hij is bovendien de schrijver met de meeste volgers op social media.

Overspel | paperback| € 12,50 |
ISBN 978 90 295 0500 0 |
e-book |€ 7,99 |
ISBN 978 90 295 9459 2

Als een rivier | paperback |
€ 12,50 | ISBN 978 90 295 8503 3 |
e-book | €7,99 | 9789029594165

## ROALD DAHL

Roald Dahl is meer dan alleen geweldige verhalen.
Wist u dat 10% van de auteursroyalty's wordt besteed aan het ondersteunen van de Roald Dahl Charities?

De Roald Dahl Foundation steunt gespecialiseerde pediatrische Roald Dahl-verpleegsters in het Verenigd Koninkrijk die zorgen voor kinderen met epilepsie, bloedziekten en opgelopen hersenbeschadiging.
Ze verleent tevens praktische hulp aan kinderen en jonge mensen met hersen- of bloedafwijkingen of leesproblemen – zaken die Roald Dahl aan het hart gingen – door middel van zowel subsidies aan ziekenhuizen en liefdadigheidsinstellingen in het Verenigd Koninkrijk als aan individuele kinderen en hun gezinnen.
Het Roald Dahl Foundation & Story Centre in Great Missenden in de buurt van Londen ligt in het dorp Buckinghamshare, waar Roald Dahl woonde en werkte. Midden in het museum, dat als doel heeft te inspireren tot lezen en schrijven, is zijn unieke archief van brieven en manuscripten gevestigd. Naast twee vermakelijke biografische galerieën is het museum in het bezit van een interactief verhalencentrum. Het is een plek waar gezinnen, leraren en leerlingen de opwindende wereld van creativiteit en literatuur kunnen ontdekken.

www.roalddahlfoundation.org
www.roalddahlmuseum.org

Alle verhalen: gebonden
15,- | 9789029091633

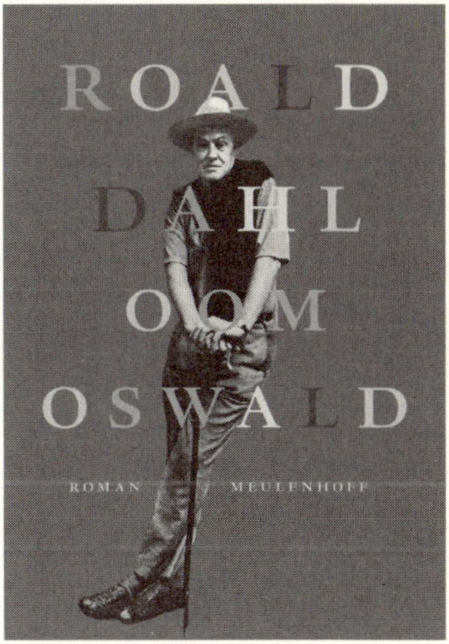


Oom Oswald: gebonden
10,- | 9789029091350

Ooit en te nimmer: gebonden
10,- | 9789029091343

ELIZABETH GILBERT
Auteur van de bestseller *Eten, bidden, beminnen*
BIG MAGIC
De kunst van creatief leven

*'Wat is een creatief leven?*
*Een leven dat meer door nieuwsgierigheid*
*dan door angst wordt gedreven.'*

In *Big Magic* moedigt Elizabeth Gilbert ons aan om onze verborgen talenten te ontdekken. Balancerend tussen spiritualiteit en vrolijk pragmatisme laat ze zien hoe we onze ideeën kunnen omarmen, nieuwe uitdagingen het hoofd kunnen bieden en onze dagen kunnen vullen met meer passie en mindfulness.

'Elizabeth Gilbert breekt een lans voor meer durf en hartstocht in een heel aanstekelijk boek.' – ELSEVIER

uitgeverijcargo.nl CARGO

HILARY MANTEL

## De geest geven
*Memoir*

Hilary Mantel groeide op in het landelijke na-oorlogse Engeland. Ridder wilde zij worden en zij leefde in de volle overtuiging dat de benodigde vaardigheden en talenten, zoals ridderlijkheid, paardrijkunst en zwaardvechten, binnen handbereik lagen. Eenmaal getrouwd begon zij te lijden aan een hardnekkige pijn die agressieve medicatie en zelfvertrouwen-ondermijnende psychotherapie noodzakelijk maakten, en ten slotte onderging ze een ineffectieve maar niet terug te draaien operatie. Zij zou nooit meer kinderen kunnen krijgen. In plaats daarvan ontdekte zij in haarzelf de ene roman na de andere.

Dit memoir geeft ons een inzicht waar haar vertelkunst vandaan komt. Die bron, lezen we, ligt al in haar vroege jeugd.

*'Spitsvondige, originele, empathische memoires met veel oog voor detail.'* – Trouw

*'Hoe kan iemand zó goed schrijven?'*- Charles Lewinsky

ISBN 978 90 254 4795 3 | ook als e-book

atlas contact
HILARY
MANTEL
De geest geven
Auteur van de twee Man Booker Prize-bestsellers
Wolf Hall en Het boek Henry.

SUSAN SMIT

# De eerste vrouw

Zij was de diva van de internationale operahuizen die had gezworen nooit te trouwen. Hij was de vechter, de gokker, de hartenbreker met het engelengezicht die furore maakte op het toneel. Samen vormden de Amerikaanse Geraldine Farrar en de Nederlander Lou Tellegen een van de meest legendarische artiestenkoppels aller tijden.
In *De eerste vrouw* verbeeldt Susan Smit met trefzekere pen hun grenzeloze ambitie, hun twijfels, angsten en hartstochtelijke liefde die is gedoemd te mislukken. Maar tegelijkertijd is de roman het verhaal van een opwindende tijd waarin Europa in een gruwelijke oorlog haar onschuld verliest; de vrouwenbeweging voorzichtig voet aan de grond krijgt, en een massamedium het levenslicht ziet dat de wereld voorgoed zal veranderen: de film.
Met deze wervelende, op historisch feitenmateriaal gebaseerde roman zal Smit opnieuw haar vele lezers in het hart weten te raken.

*De eerste vrouw* verschijnt in september bij Lebowski Publishers.

ISBN 9789048832170
Prijs 19,99

SUSAN SMIT
roman
LEBOWSKI
De eerste vrouw
Meeslepende, op feiten gebaseerde, roman over de stormachtige liefde tussen twee van de grootste filmsterren van de twintigste eeuw,
LOU TELLEGEN en GERALDINE FARRAR

TOON TELLEGEN

OP EEN OCHTEND VROEG IN DE ZOMER

In deze bundel met nieuwe verhalen over de eekhoorn, de mier en de andere dieren geeft de zwaluw een feest waarop alle gasten moeten vliegen. De leeuw wil niet langer brullen, maar zingen als de nachtegaal. Het nijlpaard is verschrikkelijk boos op de neushoorn maar weet zelf niet meer waarom. En op een dag stormt het zo dat alle dieren worden weggeblazen.

Voor het eerst illustreert Gouden Penseel-winnares Sylvia Weve Tellegens dierenverhalen. Met haar wervelende tekeningen wordt het een verrassend en spectaculair geheel.

Toon Tellegen | Sylvia Weve
NUR: 282

ISBN: 978-90-451-1885-7
Verkoopprijs: € 16,99
22 x 27 cm
64 pagina's
Genaaid gebonden (hardback)

OP EEN OCHTEND
vroeg in de zomer
TOON TELLEGEN
met tekeningen van Sylvia Weve
QUERIDO

# Colofon

Happinez © 2016
Amsterdam
info@happinez.nl
www.happinez.nl

Coördinatie: Ellen Ruwe
Vormgeving: Jet van der Graaf
Productiebegeleiding: Esther Schulting

ISBN: 9789044983715



FSC
www.fsc.org
MIX
Papier van verantwoorde herkomst
FSC® C014496